加門七海の風水探見

加門七海

X-Knowledge

加門七海の風水探見　目次

第一章　風水って何だろう？……4
第二章　沖縄の墓と首里城……16
第三章　古代の都市と住宅の風水……26
第四章　風水的吉凶と龍脈のパワー……40
第五章　マジナイ的思考と風水……50

第六章
土地の陰陽と香港風水戦争……62
第七章
「気」を操る風水アイテム……72
第八章
日本人と風水①
四神相応と鬼門……84
第九章
日本人と風水②
家相と建築形式……96
第十章
日本人と風水③
方位と張り欠け……108
第十一章
日本人と風水④
個人宅のマジナイ……120

第十二章
東京の風水と富士山のパワー……134

第十三章
東京スカイツリーと日本社会の行く末……144

番外編
加門七海の悪風水探見……155

ブックデザイン……コバヤシタケシ（SURFACE）
イラスト……Miltata
校　正……芳賀恵子
編　集……久保彩子
印　刷……シナノ書籍印刷

※本書は、『建築知識』で連載された「加門七海の風水探見」を大幅に加筆修正のうえ書籍化したものです。「番外編・加門七海の悪風水探見」は本書のために書き下ろされました。

第一章

風水って何だろう？

「風水」という言葉をご存じだろうか。

もちろん、と言う方が多いと思う。日本でも少し前に一大ブームが巻き起こり、この言葉はすっかり定着した。今は風水が善《よ》いとか悪いとか、普通に語られるようになっている。それを改めて繙《ひもと》くのは、つまらないかもしれない。しかし、その大本《おおもと》に立ち戻り、過去から現代までを眺めていくと、新たな視点で都市や町、私たちの住まいについて見直すことが可能になる。

風水は深く、面白いのだ。

話を始める前に、まず「地理」と「家相」、ふたつの言葉を確認したい。

地理は義務教育で習っているが、実は地理と風水はほぼ同じ意味を持っている。

「地理」という言葉を分解してみると、「地のことわり」「大地がそうある理由、道理」となる。手近にある辞書では「地理」の説明として「山川・水陸・気候・人口・都市・産業・交通などの土地の状態。また大地そのもの」と記されている。これらを包摂《ほうせつ》した大地の理《ことわり》――これが風水そのものなのだ。

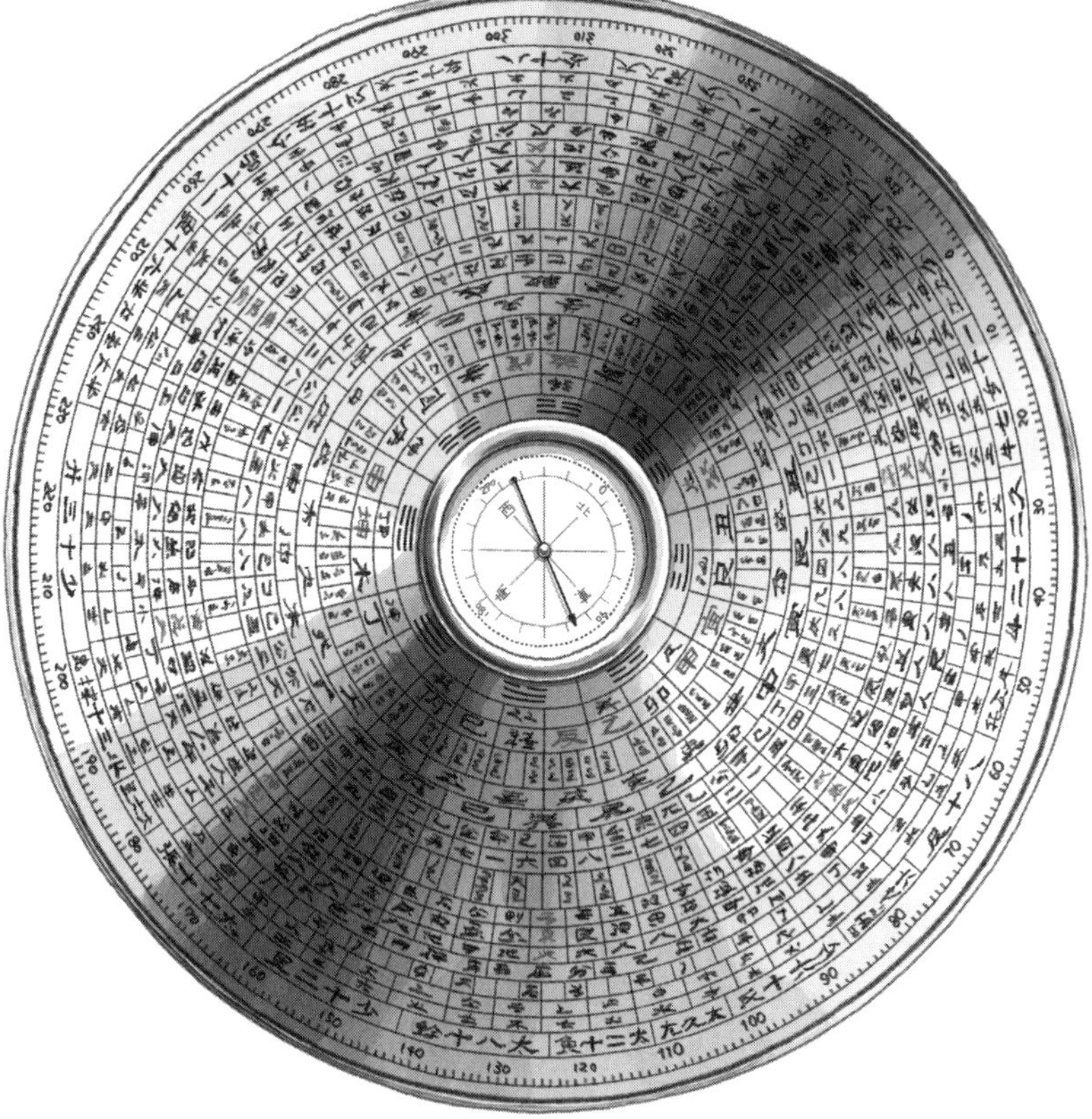

大地の気脈を読む「風水盤」

羅盤《らばん》または羅経《らきょう》とも呼ばれる、家の方位や立地から運勢を測る道具。中央に磁石が置かれ、円盤部分には八卦《はっけ》・九星《きゅうせい》・二十四方位《にじゅうしほうい》・六十干支《ろくじっかんし》・周天《しゅうてん》三六〇度に三百八十四爻《こう》などが記されており、これらを用いて解釈することで吉凶を見極める。流派によって「三元盤」と「三合盤」の二種類の盤があり、呪具《じゅぐ》として家に置くことで地場の「気」を調節する働きもあるとされている。

つまり、私たちは既に義務教育にて風水の基礎を手に入れているということだ。風水師の初級コースは、修了していると言っていい。

一方、「家相」は風水とイコールでは語れない。無論、根本は同じだが、日本で独自に解釈・発展した部分が多い。

家の造りによって居住者の運気を上げるという意味においては、家相と風水は目的を同じくする。しかし、考え方には差異がある。それについては追々記していくつもりだが、まずは本題、風水についてだ。

最初に俎上《そじょう》に載せるのは、国や都市単位の規模の大きな風水だ。

カーテンの色を変えたり、金魚を飼ったり、鏡をどこに置くかとか、そういう"do-it-yourself"――ＤＩＹ風水と呼ばれるものには言及しない。

また、家や環境、方位などから来る悪い影響を、神仏や霊獣の像を置いたりして抑える「化煞《かさつ》風水」も、暫くの間は措《お》いておきたい。

効果がないとは言わない。否定もしない。我が家でもやっている。しかし、ＤＩＹ風水や化煞風水は対症療法のようなものなのだ。家の風水が完璧ではなく、何かしら欠けた要素がある場合、用いるのがこれらの方法だ。

本来ならば、完璧な土地に完璧な建物を建てればいいだけだ。だが、これは庶民には無理な話だ。その至らない部分を補うために、出てきた工夫がＤＩＹ・化煞風水だ。

ならば、この二種こそを取り上げるべきだという意見もあろう。しかし、その前段階として、住んでいる場所の吉凶や、ベストな状況を知らなければ対処はできまい。ゆえに、初めに国単位、自然の山や川を相手取った地形、地理、本来の風水について語っていきたい。

「地理」が大地の理を表す単語なら、「風水」はシンプルに風と水を指す単語だ。「蔵風得水《ぞうふうとくすい》」という言葉がある。この言葉こそは風水の要諦《ようてい》であり、また、奥義であるとも言われている。

「蔵風得水」をわかりやすく記すなら、風と水を操ることだ。そして、その目的は「大地の力に依拠《いきょ》して人生の発達幸福を求めんとする」（『朝鮮の風水』朝鮮総督府編／国書刊行会）ことにある。

業《わざ》は主に住環境と墓地に対して用いられる。住まいを吉《よ》くして幸運を求めること、そして、墓を吉くして子孫の繁栄を図ることだ。

専門用語では、前者の住宅を「陽宅《ようたく》」、後者の墓地を「陰宅《いんたく》」と呼ぶ。そして、本来の風水は「陽宅」二、「陰宅」八くらいの割合で、墓をとても重視する。

墓は親や先祖の住まいだ。住宅は子孫が暮らす場所。この両者の関係は一本の木にたとえられ、木の幹と根っこが親・先祖、枝葉が子孫と見做《みな》される。

枝葉を繁らせたいのなら、木の根や幹にこそ気を遣うのは当然だろう。それゆえに、第一に考えるべきは墓地となる。

お墓をどこにどういう形で建てるかは、風水の最重要項目なのだ。

『朝鮮の風水』（朝鮮総督府編／国書刊行会）にこういう話が載っている。

――韓国、ソウルの南に「兄山《ヒョンサン》」という山がある。

この山は素晴らしい吉祥地とされており、山頂にはひとつ、被葬者不明の石の棺が埋められている。

伝説では、この棺の周辺に祖先の体を一部なりとも埋葬すれば、数カ月もたたないうちに子孫は金持ちになると言われる。だが、ここに骸《むくろ》を埋めると、山の神の怒りに触れて周囲の村は旱魃《かんばつ》になる。

そのため、付近の住民は兄山を禁足地とし、もしも日照りが続いたときには、頂上に登って棺の周辺を掘り返し、密かに埋葬された遺体を見つけて処分するという。

しかし、遺体を埋める者は後を絶たない。ゆえに、毎年、日照りが続きがちな夏場になると、付近の人の手によって、頂上は蜂の巣のごとくに掘り返される。

山を掘り返すほうが、神の怒りを買いそうな気もするのだが……。

ともかく、昔は埋めた遺骨を掘り出されまいとする側と、掘り出そうとする側との間で、血の雨が降ることもあったという。

墓というのは、それほどまでに重要なものだったのだ。

ちなみに、兄山はソウルの東南、慶尚北道《キョンサンプクド》地区にある。兄山江《ヒョンサンガン》を挟んで弟山《ジェサン》と並んでおり、周囲には観光地も多い。

現在、ここに遺体を埋めるのは難しかろうが、のちの伝承では遺体の毛髪、歯、骨の一部でも良いとされたので、今も完全に無理とは言えない。試す人はいるのではなかろうか。

頂上に祖先の遺体を埋めると子孫が繁栄する山は、韓国では兄山のほか、金泊山《クムパクサン》・舞龍山《ムリョンサン》の名が挙がる。

吉祥地が手に入らないとき、聖人の墓地や他人の所有地に勝手に遺体を埋める方法は、「暗葬」と呼ばれる。

ただ、その場所が風水的に重要な山である場合、そこを墓地とされてしまうと、山の麓の人々は気を奪われて不運となる。

その兆しとして旱魃があり、旱魃が起きたことで、村人は誰かが山に暗葬したことを知るのだとか。

「暗葬」と言うと何やらかっこいい感じがするが、要は死体遺棄……違法行為だ。

但し、遺灰を埋めても効力はない。風水では、火葬を厳禁としているからだ。

「死体を火葬する時は霊魂が消滅し、子孫は繁栄しない」

残念ながら、きっぱりと専門書は言い切っている。

これに従うなら、今の日本において、墓地の風水はほぼ機能していないと言っていいだろう。

欧米のホラー映画でも、ドラキュラやゾンビは土葬の墓から復活してくる。また、恐ろしい死霊を退治するため、土葬の墓を掘り起こし、遺体を焼くシーンもある。

火葬によって霊魂が消滅するという考えは、東アジアのみ、風水のみとは限らないのだ。しかしながら、日本では古代から土葬と火葬が並存してきた。多くの天皇も荼毘《だび》に付《ふ》されている。現在の日本では、国民の九分九厘《くぶくりん》が火葬にされるが、それでも幽霊話が尽きないことを思うなら、日本人にとって霊魂の有無は、火葬とは関係ないのだろう。

とはいえ、風水上、火葬は厳禁だ。それがために、今の日本の風水は陽宅、即ち住宅に重点が置かれているのかもしれない。

まあ、どんな家でも、遡ればご先祖様は土葬だったわけなので、日本の陰宅風水の善し悪しは、その辺りに頼みを掛けておこう。

風水においては、墓地でも住居でも、理想モデルは共通している。

風水的な形のすべては、その応用から成っているため、理想モデルさえ頭に入れておけば、風水の八割は語れると言っ

風水の理想モデル図
風と水を操り、大地の力を最大限引き出す風水的に最適な地。北に高い山、南には緩やかな平地を持ち、東西の丘陵・山脈と流水が中心となる部分を抱くように囲む地形を指す。

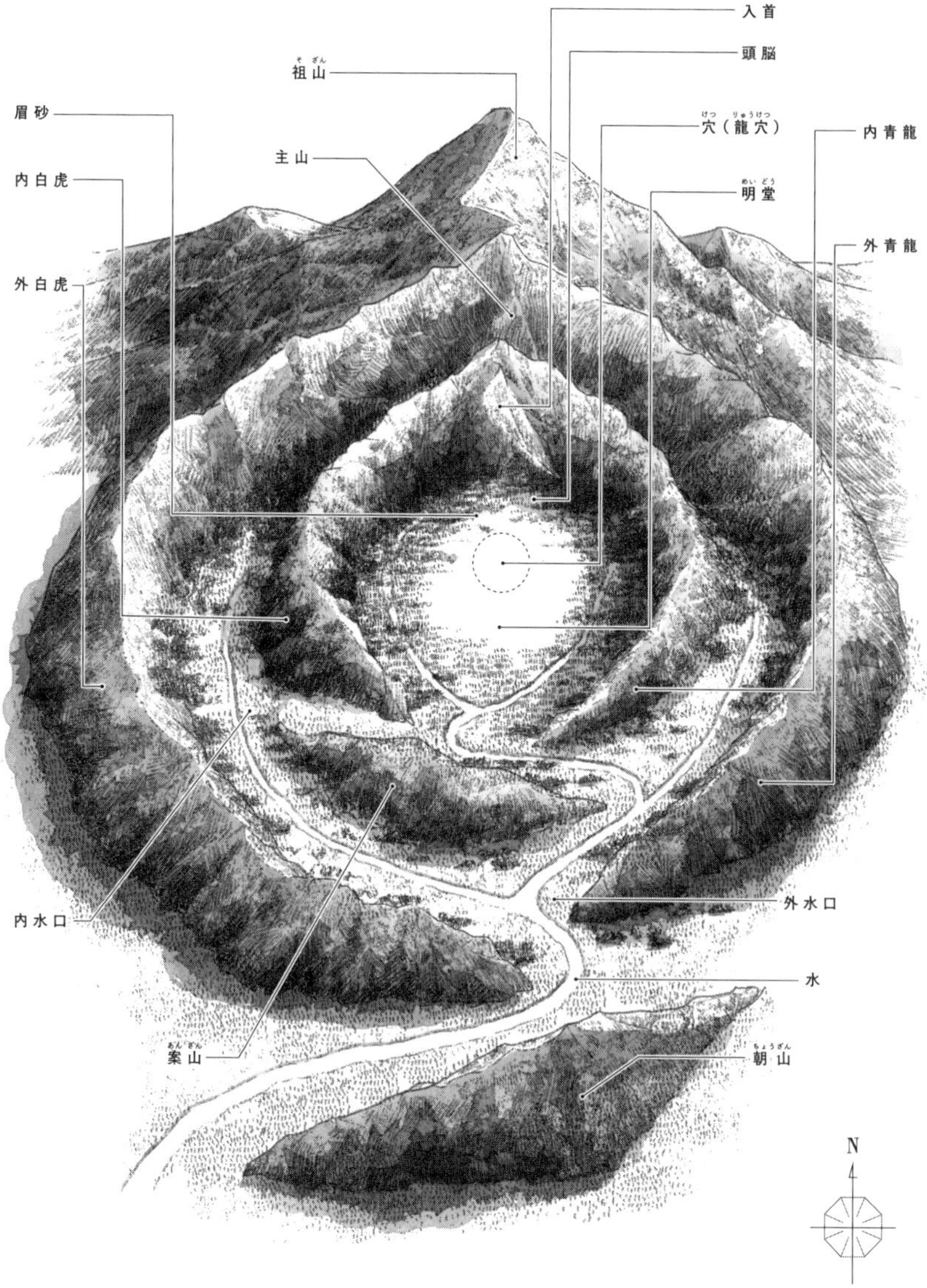
入首
頭脳
祖山《そざん》
眉砂
穴《けつ》（龍穴《りゅうけつ》）
内青龍
主山
内白虎
明堂《めいどう》
外青龍
外白虎
内水口
外水口
水
案山《あんざん》
朝山《ちょうざん》
N

ても過言ではない。

即ち、背にした北側に高い山があり、左右の山脈とその内側を流れる川が、中心となる部分を抱くように囲み、前方に緩やかに開けていく地形だ。

構成要素は、山と水と方位の三つだ。

形とそれぞれの細かい呼び名は、11頁の図解を参照してほしい。

山と水に囲まれた中央部が「穴《けつ》」——地中を巡る気が地表に噴き出す「龍穴《りゅうけつ》」と呼ばれる吉祥地だ。

ここが最重要ポイントとなる。

その龍穴の周囲、主に南に広がる空間を「明堂《めいどう》」と言う。

龍穴の気は激しすぎるため、人の活動は明堂が主となる。都市ならば、ここが吉相で活気づくことで繁栄がもたらされるわけだ。

しかしながら、龍穴と明堂は地形図ではある程度までしか絞れない。これらは地図を見てわかるものではなく、地質や形との関係性で判断されて、最終的には、なんと風水師の勘や霊能によって決定が下されるという。

土の色が異なるとの話も聞くが、真偽は不明だ。いずれにせよ、ここでいきなりハードルが高くなってしまうのが風水だ。

だが、諦めずに話を続けよう。

地形図だけでも、吉祥地の九割ほどは絞り込める。

左右の山、青龍・白虎は「砂《さ》」と呼ばれる。

「砂」は穴を囲って、「気」が散じないように守る役割を持つ。左右の山の状態を指すのが一般的だが、山に限らず、周囲の環境全般と解釈することもできるという。

南の三日月状の丘のうち、比較的中央に近くて、比較的低いものを「案山《あんざん》」、比較的遠くて、比較的高いものを「朝山《ちょうざん》」と呼ぶ。

「案山」と「朝山」はモデル全体から見ると小さいが、かなり重要な役目を担っている。このふたつは今後、何度も出てくるので、記憶に留《と》めておいていただきたい。

理想的なこのモデルを使って、風水は風と水を操る。

風と水は、当然ながら固体ではない。量や強弱、器次第で変化するものだ。

高層ビルによってビル風が起こり、風の流れが変化するのは、ご存じのとおりだ。住まいならば、窓をどこに設けるかで風の流れは変化する。

どこから風を入れてどこに送るか、どこから水を入れてどう流すか。それが「蔵風得水」の基礎となる。

加えて、風と水は滞らずに循環し、綺麗であることが求められる。

ゆえに家の風水を考える場合、何より優先されるのは風の通りと水の清潔感、つまりは掃除となってくる。

家を掃除し、整理整頓した上で、風通しを良くして、水回りを清潔に保つのだ。

一般的に言われる家相が悪くとも、それでかなり改善される。

身も蓋もない話だが、完璧な家相のゴミ屋敷より、家相が悪くとも清潔な家のほうが吉なのだ。

運気を上げる方法というとマジナイ的なものを期待する人が多いのだが、基本は掃除と清潔だ。

より良い方向に人生の舵を切りたいならば、まずは窓を開け、掃除機のスイッチを入れていただきたい。

第二章 沖縄の墓と首里城

今、私たちは多様性と言い、様々な生き方を選択することができるわけだが、一昔前は家父長制度に従って、血筋を繋げて家を保ち、子孫を繁栄させることが大事だった。

子孫繁栄というのは、マジナイ的には五穀豊穣《ごこくほうじょう》と同じ意味になる。いずれも生み、増えることだからだ。

国単位で言うならば、作物が豊かに稔って人口が増え、賑やかな都市ができて国が繁栄することが五穀豊穣・子孫繁栄と同意となる。ゆえに風水では、生み出す力を強く持つ土地が吉祥の地と見做《みな》された。

11頁の理想モデル図を改めて見ていただきたい。

理想的な土地の形は、そのまま女性器の形でもある。

最大の吉祥地となる「龍穴《りゅうけつ》」は即ち子宮口だ。

龍穴は実際の窪地や穴ではない。無から有を生み出すほどの圧倒的エネルギーを秘めている土地を示す名だ。その龍穴を含む豊穣のシン

亀甲墓《かめこうばか》（カーミナクーバカ、カメヌクー）

亀甲墓は風水の理想モデルを模したものだが、先祖の家といった見方も強いため、遺骨を納める墓室は家形も多い。近世以降、沖縄における清明祭《シーミー》では墓庭《ハカヌナー》で親族が歓談しながら飲食する。墓庭は理想モデルの明堂《めいどう》にも相当するので、そこで子孫が豊かな食事をして楽しく過ごすのは、子孫繁栄・五穀豊穣の模擬儀礼としても適《かな》っていると言えるだろう。

頂上《チヂ》
眉《マユ》
庭積み《ナージミー》
供物台《サンミヂー》
袖石《スディイシ》
墓庭《ハカヌナー》
門《ジョー》

ボルとしての女性器全体、それを広大な大地の中に探して活用するのが風水だ。

また、別に理想モデルを天体・人体と照応する方法もある。

人体として見る場合は、経絡《けいらく》に沿って流れる「気」を、山川の「気」が流れる「龍脈」と見るのだ。

天地人は互いの鏡で、相互に作用するものとされる。

ゆえに大地が乱れれば、人心も乱れる。

そのため、本来の風水は、理想に近い形の土地を探して得ることから始まる。

正直、一般人には関係のない世界の話だ。背後と左右に山脈を具《そな》えるほどの土地を占有するなど、まったくもって不可能だからだ。

元々、風水は帝王のための業《わざ》として、「王法」のひとつに数えられていた。ゆえに理論のスケールは大きく、また、その法は庶民に隠された。

秘密とされた理由は明白だ。

庶民が知って、万が一吉《よ》い土地を取られてしまったら、王家が傾いてしまうからだ。そんなことを権力者は許さない。そのために法は秘密とされた。

良い国、良い都をつくるのは支配者に任せろ、というわけだ。

いや、たとえ王族であっても、国土の中に風水の理想モデルを見出《みいだ》すことは容易ではない。自然の地形なのだから、絶対、どこかに過不足が生じる。

それがために、場合によっては山を崩して河川の屈曲を変化させ、木を植え、寺院を建てるなど、今で言うところのパワースポットを設置した。

一時期、風水思想は自然環境保全に繋がると言われた。だが、実際のところはまったく逆だ。風水は飽くまで人間本位のもの。だから、自然が王に逆らうならば、変えることに躊躇はない。

しかし、それでも人間に山脈を造ることはできない。ゆえに、人々は自然に手を入れる以上の熱心さで、理想モデルを様々なものに写して模してきた。

典型的なのが、陰宅《いんたく》、即ち墓地の形だ。

その中でもわかりやすいのが、亀甲墓《かめこうばか》と呼ばれる沖縄の墓だ。

沖縄は近年まで中国や朝鮮半島との独自交流が盛んだったため、大陸的風水の影響を強く受け、その形もよく残っている。

沖縄に風水が伝わったのは、一五〇〇年代と言われている。

この時期、沖縄本島の久米村《くめむら》という地に、今の福建省《ふっけんしょう》から多くの人が来て定住した。そしてそのとき、風水の知識ももたらされたという。

前回記したとおり、墓は枝葉である子孫を支えるための樹幹と根、即ち祖先を祀《まつ》る場所だ。そこに理想となる風水モデルを転写したのが亀甲墓だ。

元々の亀甲墓は、琉球《りゅうきゅう》の王族や富裕層のみに許されていた。

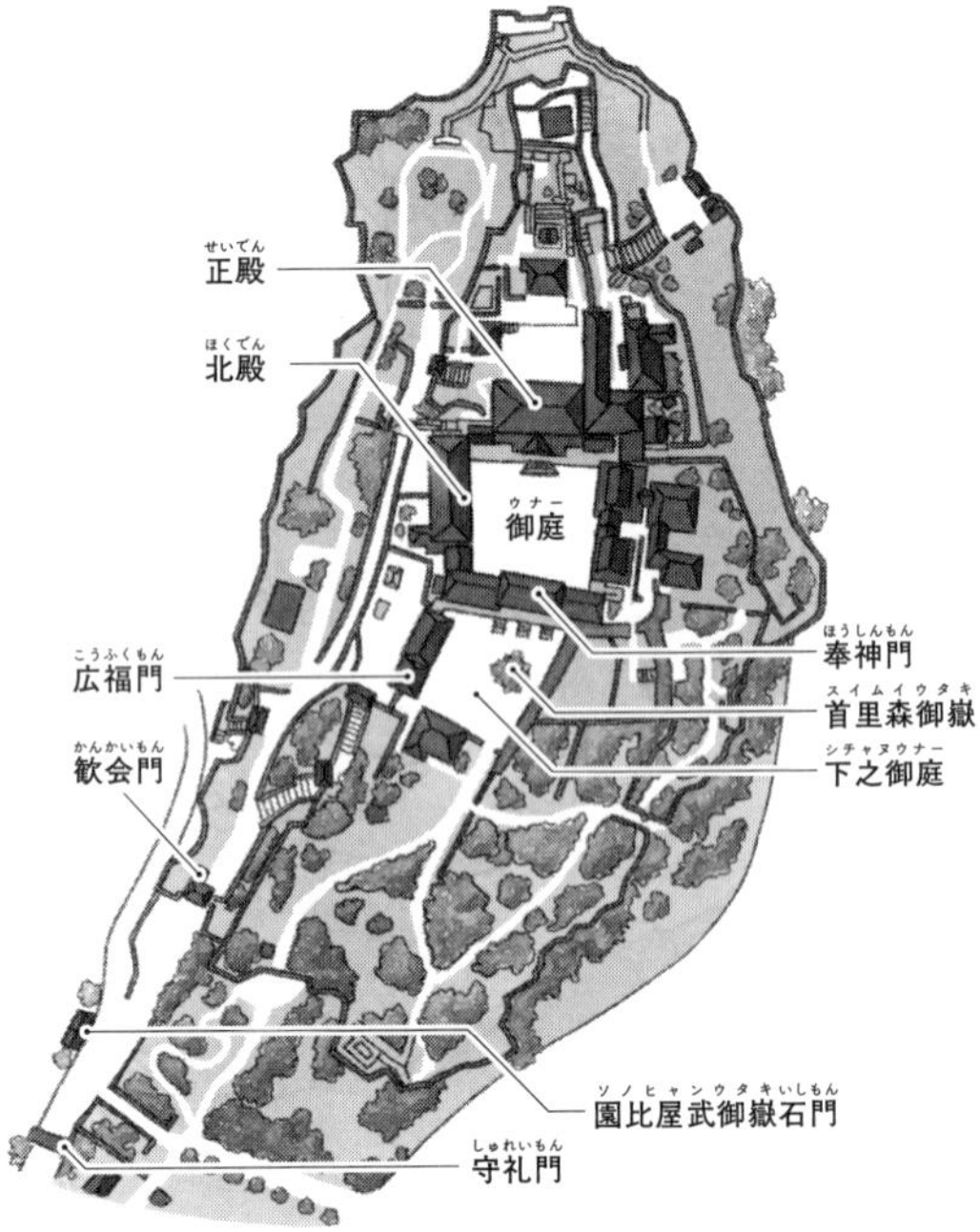

首里城《しゅりじょう》の平面図
琉球《りゅうきゅう》王国中山《ちゅうざん》（現在の沖縄県那覇市）に位置する、沖縄県内最大規模のグスク（城）建築。琉球王朝によって建設され、東西約400m・南北約300mの規模を誇る、曲線的な城壁に囲まれた造り。西を正面に東西の軸線に沿って建物が配置されている。

どういうわけか、人間は富は分配されるものであり、増殖するものとは考えない。また、権力は富と共にあるとされがちなため、支配層がそれらを手にするための秘法を公開することはなかった。

しかし、現在、亀甲墓は一般の墓にも用いられている。富と繁栄を求める気持ちに、貴賤上下の別はない。ゆえに、公になれば、あっという間に真似されてしまうというわけだ。

沖縄に亀甲墓が増えた理由は、結局、王朝が衰退し、法を秘匿しきれなかったためだ。マジナイ的な視線で考えるなら、庶民が王者の法を手にしたため、王朝が衰微したとも言えようか。

沖縄の首里城《しゅりじょう》を見てみよう。

一目瞭然。理想モデルに則っているのがわかるだろう。

首里城は建物のみならず、吉相の地を得て造られた、風水的にほぼ完璧な宮殿だ。

ただ、首里城は理想モデルを意識しつつも、セオリーどおりの南北軸ではなく、東西軸を用いている。

南北軸では理想的な土地は見つからなかったが、東西軸だとほぼ完璧な土地を得られたというわけだ。琉球王朝の風水では、方位よりも形のほうが優先されたことになろうか。

いや、そうとは限らない。

沖縄では、日の昇る東を「アガリ」と言い、格の高い方位とする。神の島として有名な久高島《くだかじま》も、島を遙拝《ようはい》する斎場御嶽《セーファーウタキ》からは東に位置する。

中国及び大和（内地）では「天子南面《てんしなんめん》す」に則って、君主は北を背にして南を向く。しかし、首里城は沖縄の方位観によって、西に背を向け、東を向いたのかもしれない。

理想モデル自体は大陸から渡ってきたが、それ以上に民族的な思想が大事にされたのだ。実際、東から望むと、本当に美しくて惚れ惚れするのが首里城だ。

首里城の風水的仕掛けはそれだけではない。

正殿に入る御庭《ウナー》（広場）は赤と白のストライプで色分けされているのだが、よく見ると、

中央の道は御殿に直進せず、斜めになっている。また、奉神門《ほうしんもん》と正殿《せいでん》は正対しないようにずらしてある。

　これらにも大きな意味がある。

　風水では、門の正面から母屋に直進できる造りを嫌う。外の悪い気が真っ直ぐそのまま、建物内に入るとされているからだ。

　これは風、水、人の動線、すべて同じで、屈曲して緩やかに動くことが吉とされている。同様の理由で、門から屋敷の正面がそのまま見えるのもよろしくない。そのため、敢えて正中線をずらして建物は建てられるのだ。

　首里城の御庭のデザインは、その思想を非常にわかりやすく表している。

　この正中線ずらしは、京都の東寺《とうじ》でも

首里城正殿周辺の俯瞰図《ふかんず》
沖縄県那覇市の北西、標高約100~130mの小高い丘陵地に築かれた首里城。正殿は沖縄最大の木造建築物で、日本と中国の築城技術を融合した独特の建築様式。2019年10月31日、正殿内部からの出火によって正殿や北殿など9つの施設が消失。復元工事は2026年に完了予定。

見ることができる。

南大門正面に見える金堂が、少し東にずれているのだ。

東寺を建てたのは弘法大師《こうぼうだいし》空海《くうかい》だ。数度再建されているので、当時の建物は残っていないが、礎石《そせき》の位置が動いていないなら、空海には風水の知識があった——風水師としての空海を思い描くことも可能だろう。

地図や航空写真でもわかるので、是非、確認してみていただきたい。

首里城や東寺のみならず、風水的視点で古い社寺などを眺めると、「ああ、なるほど。ちゃんと考えて仕掛けを施しているんだな」と、納得できる建築物にたびたび出会う。そして、そういうことが見えてくると、俄然、風水は面白くなる。

ただ、ご存じのように、首里城は近年、焼失した。

それでも風水が善《よ》いと言えるのだろうか。

本来ならば、永遠に発展しなくてはならない土地だ。にもかかわらず、どうして災いに見舞われたのか。

風水の本には、理想の形はちょっとしたことで崩れるとある。

山を削ったり、木を伐《き》ったり、新たな道を通したり。そういうことで風や水の流れが変わると、そこはすぐに吉相の土地から遠のいてしまうとされているのだ。

王都が発展すれば当然、周囲の開発も激しくなる。近現代なら、尚更だろう。広い道が通り、高い建物が建てば、気の通り道は必ず変化する。難しい問題ではあるが、都市が発展すればするほど、風水的な均衡は危うくなるというわけだ。

また、龍脈と呼ばれる大地の力の通り道、龍穴と言われる一番の吉祥ポイントが、時代によってずれていくという説もある。現実的な水脈が移動したり枯渇したりすることを思えば、こちらも感覚的には理解できよう。

もちろんすべてを、風水師の言い訳としてしまってもいいのだが……。

当然ながら、風水は人間中心の業なので、時代や世間の情勢などから受ける影響は避けられない。

本来なら、土地をいじることは、風水的に欠けたところを補う行為でなくてはならない。しかし、人の便のための開発により、土地の力が変化して、結果的に国が滅びることもあるというわけだ。

首里城のみではない。紫禁城《しきんじょう》からも皇帝はいなくなってしまったし、江戸城からも将軍は去った。

土地が変わって龍脈がずれ、龍穴が移動してしまうのも、まさに時代の趨勢《すうせい》だ。

そのために遷都が行われるのだという理屈も、風水的には通るだろう。一般家屋も同様で、どんなに良い場所に住んでいても、周囲に阻害する建物が建てば、吉意は殺《そ》がれる。のちに改めて記すつもりだが、風水は「後出し」に弱いのだ。いかなる吉祥の土地であっても、未来永劫、同じ地に住み続けるのはほぼ不可能だ。どうしても同じ場所に居続けたいなら、見える範囲の土地のすべてを取得して、支配を及ぼす以外にない。

それが叶わないために、ＤＩＹ風水・化煞《かさつ》風水が活用される。

ＤＩＹは自力で何とかするという意味だ。しかし、それにも限界がある。世界に永遠はないのだから、大地から力を得られなくなったら、帝も庶民も、引っ越しを考えるのが一番の得策かもしれない。

第三章

古代の都市と住宅の風水

風水の理想モデルは、墓所以外にも様々なところに転用、応用、抽象化されて人工的な吉相地として展開していく。

前回は首里城《しゅりじょう》を例に挙げたが、実は平安京も江戸城も、この形からは離れていないのだ。

左頁の「風水モデル展開図」を見ていただきたい。左上が理想とされる土地の形だ。

本来は山に守られた龍穴《りゅうけつ》と明堂《めいどう》辺りに都がつくられるのだが、先述したごとく理想的な大地の形はそう簡単には見つからない。

ならば、都や建物を理想に近づけてしまえばいい――人々はそう考えた。

図の右上と右下が、古代都市の形に似ていることがおわかりだろうか。左下は亀甲墓《かめこうばか》だ。

これらすべてのもとは同じ、互換性があると言っていい。ゆえに亀甲墓を見て平安京を思い浮かべてもいいし、平安京を眺めて、お墓のようだと考えても間違いではない。

実際の古代都市を見てみよう。

理想の
風水モデル展開図

理想的な風水モデルの概略図。人間が過ごす建築空間である都市・住宅・墓と、「風水の理想モデル」（図①。詳細は11頁を参照）が相似していることがわかる。

凡例
A：龍脈・護龍
B：龍脳
C：穴《けつ》
D：明堂《めいどう》
E：水流・池
F：朝山《ちょうざん》・護神

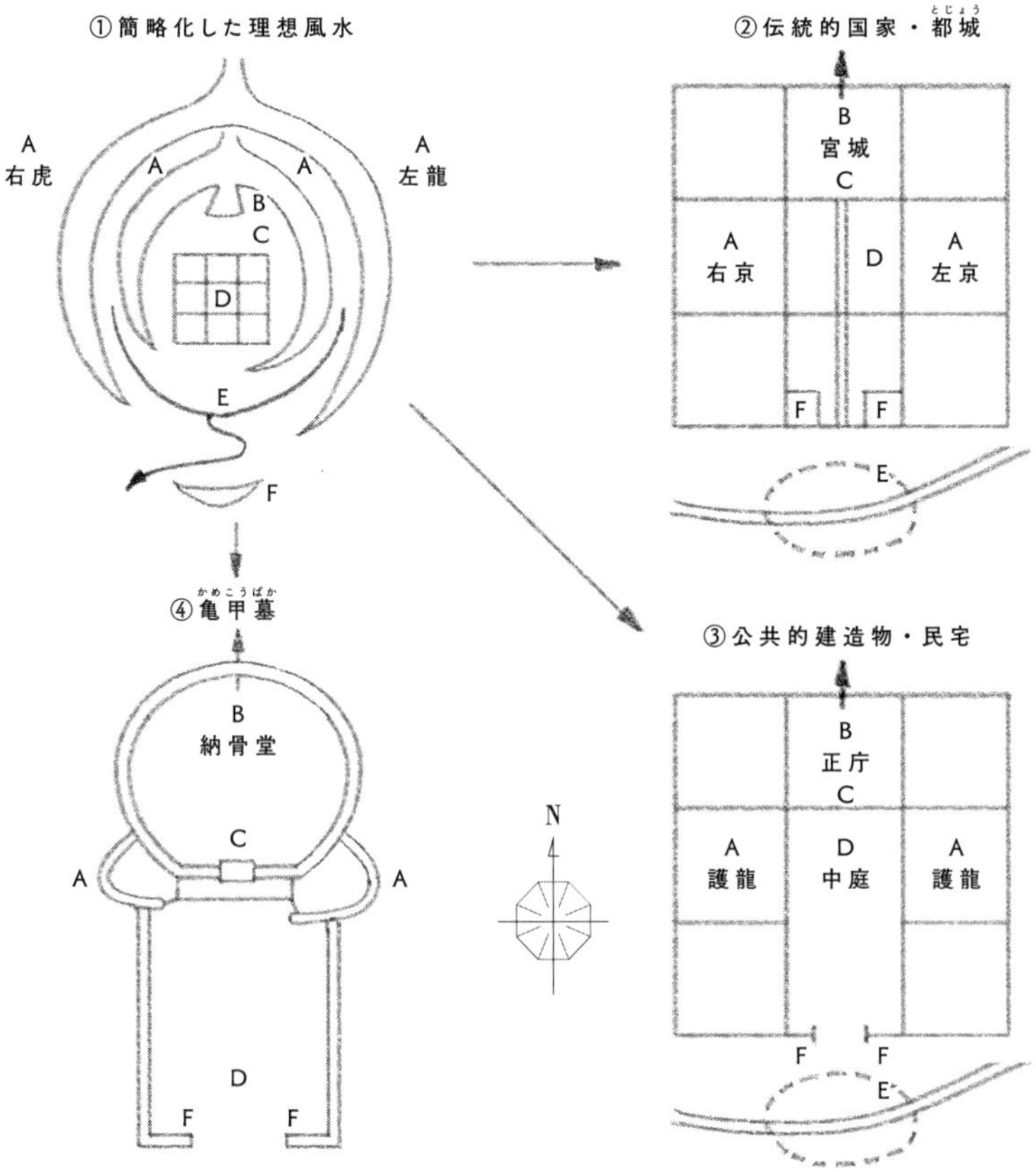

図出典：中生勝美「ポストモダンとしての風水思想」（『住空間の冒険④ 風水とデザイン』（LIXIL出版／1992年）

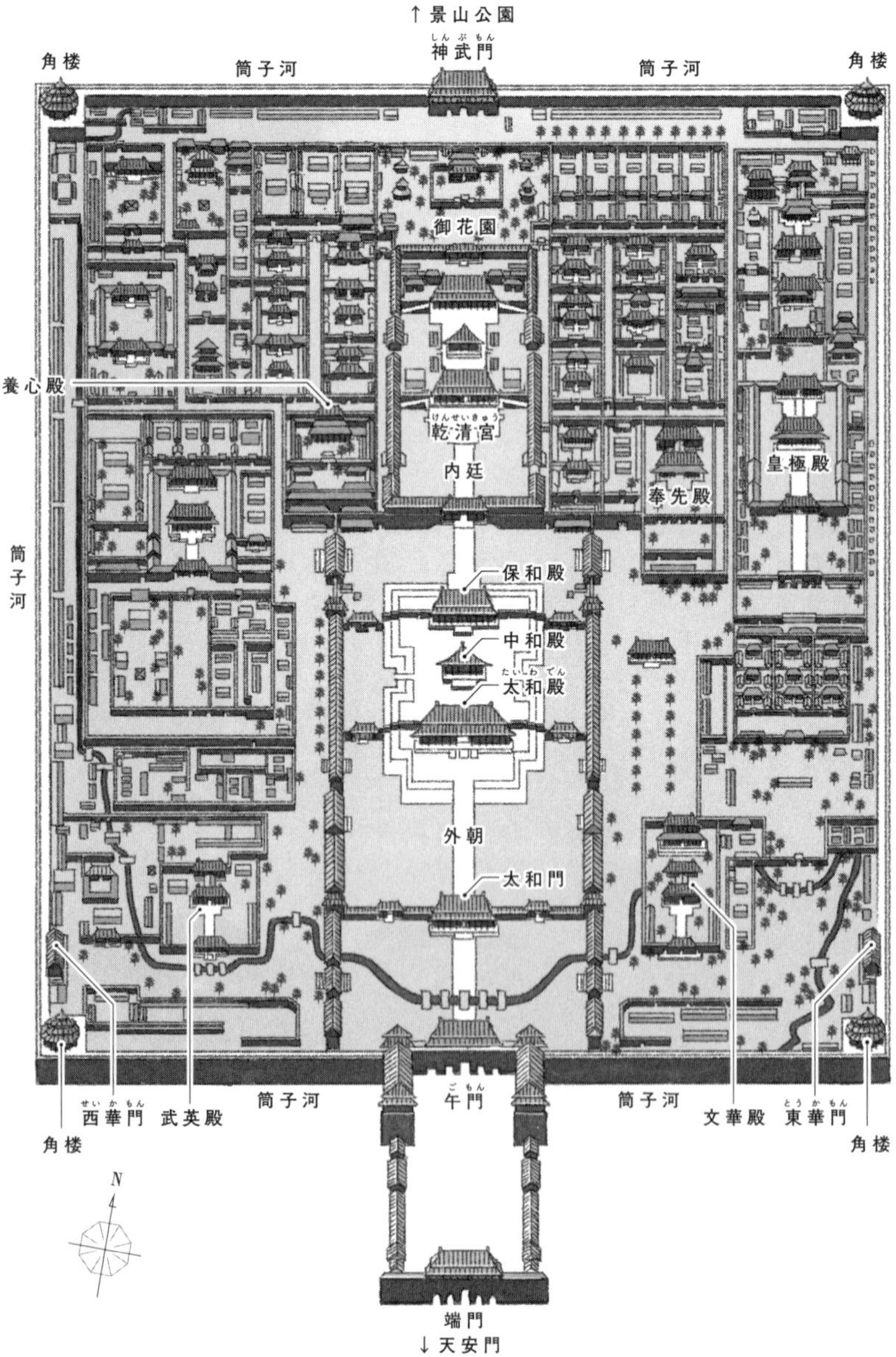
↑景山公園
神武門《しんぶもん》
角楼
筒子河
筒子河
角楼
御花園
養心殿
乾清宮《けんせいきゅう》
内廷
皇極殿
奉先殿
筒子河
保和殿
中和殿
太和殿《たいわでん》
外朝
太和門
筒子河
午門《ごもん》
筒子河
西華門《せいかもん》
武英殿
文華殿
東華門《とうかもん》
角楼
角楼
N
端門
↓天安門

まずは中国の紫禁城《しきんじょう》。理想的な風水モデルのイメージがかなり残っている。

外壁は二重の区画——つまりは象徴的な山並みで区切られ、中心たる建物が北にあり、全体を包み込むごとく南に向かって川が流れる。さすが、本場の宮城だ。

平安京も同等だ。川の形はあまり良くないが、全体の雰囲気、特に内裏《だいり》はうまくできている。

通説では、平安京は中国の唐の都を模してつくられたと言われている。ある意味、それは正しいのだが、真似をしたのは風水の理想、アレンジの仕方だったのだろう。

第二章にて、天地人は相互に作用すると記したが、紫禁城は天体図を大地に映すことをも意識している。

中国の天体図は北極星を神格化した「天皇大帝《てんこうたいてい》」、即ち宇宙を統《す》べる最高神を中心として、それを取り巻く星座を「紫微垣《しびえん》」「紫微宮《しびきゅう》」と呼んだ。

その天の宮殿に地の宮殿を似せようとしたゆえに「紫宸殿《ししんでん》」「紫禁城」の言葉が用いられ、北極星を取り巻く星座を左右の山並みや河川になぞらえ、都全体を紫微宮とした。

ゆえに、平安京もまた、「天皇」を中心とした天の宮殿を地に投影したものと考えるこ

紫禁城《しきんじょう》の構成配置
中国の北京に位置する明朝・清朝の宮城。1406年に工事を開始し、1420年に完成。現存する宮城では世界最大とされている。東西約750m、南北約960mの宮城全域を城壁で囲み、周囲には堀（筒子河）を巡らせ、南に午門《ごもん》・北に神武門《しんぶもん》・東に東華門《とうかもん》・西に西華門《せいかもん》が開く造り。午門と神武門を結ぶ南北の中軸線に沿って、見事な左右対称で建築群が配置されている。

平安京の地理的環境
平安京は、桓武《かんむ》天皇が延暦13年（７９４）に長岡京から遷都した都。広さは東西約４．５㎞、南北約５．２㎞で、朱雀大路を中心に碁盤の目状に区分けされた計画都市である。三方を山に囲まれた盆地で、それぞれに源流を持つ鴨川（賀茂川）や桂川が地形に沿うように南下しており、さらに南（現在の伏見区・宇治市辺り）には、巨椋池と呼ばれる巨大な湖があった。

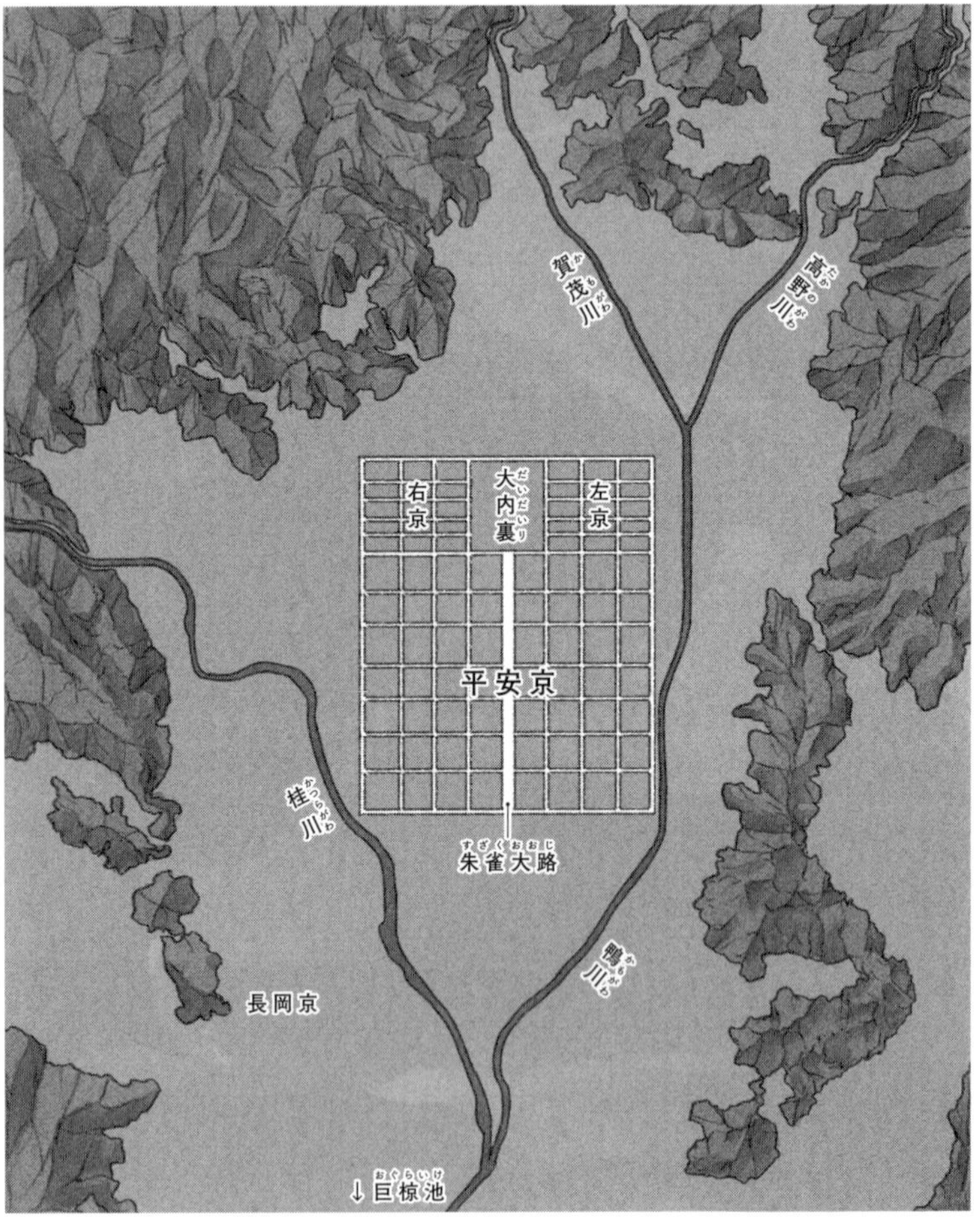

とが可能と言える。

日本に風水が公的に伝わったのは、飛鳥時代だ。『日本書紀』によると、推古《すいこ》天皇十年（六〇二）に百済《くだら》より観勒《かんろく》という僧侶が渡来して、暦・天文・地理・遁甲《とんこう》・方術《ほうじゅつ》の書物を奉《たてまつ》ったとある。

この中の「地理」が風水となる。

また、天武《てんむ》天皇十三年（六八四）の頃には陰陽師《おんみょうじ》や工匠《こうしょう》を畿内に遣わして、都をつくるべきところを視察、占わせたと記されている。当時は風水も陰陽師の職掌《しょくしょう》のひとつだったのだ。

ゆえに私は奈良・平安時代の人たちは、単に中国に憧れて「唐の都いいよね、真似しちゃえ」という気持ちで都をつくったわけではないと思う。彼らは風水の基礎を知っていたのだ。

くどくどと語ってしまったが、なぜ力説したかというと、実は風水の理想モデルは平安時代の家屋・寝殿造《しんでんづくり》にも反映されているからだ。

寝殿造の一典型、『源氏物語』に登場する二条院の推定復元図を見ていただきたい。左右に山があり、川があり、手前には「案山《あんざん》」「朝山《ちょうざん》」に相当する島があるのが見て取れよう。

紫禁城の小型版または平安京の小型版、理想モデルをとてもうまく抽象化している。

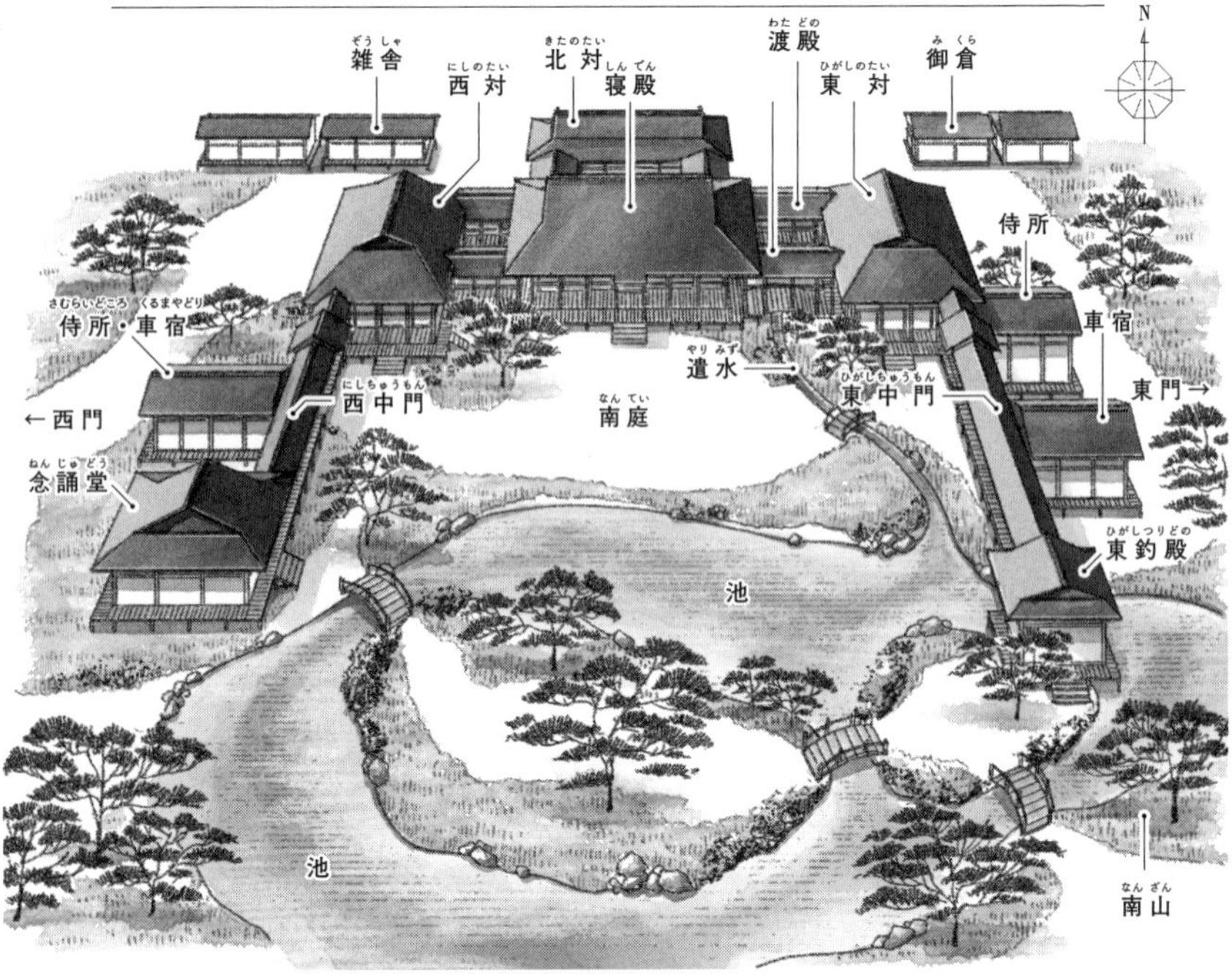

二条院
寝殿造の建物配置
『源氏物語』で主人公の光源氏が半生を過ごしたとされる邸宅を、文中の描写に従って再現。平安時代、上級貴族が居住した「寝殿造」[※]の典型的な形とされる。

当時の貴族の館はみな、判で押したようにこの形を採用した。無論、ひとつひとつを見ていけば、池を造らないものもあったし、アンシンメトリーな建物も多い。時代が下るに従って、色々とアレンジされて形も崩れていく。しかし、元々の理想はひとつだ。そして、それが最上とされたからこそ、内裏も貴族の邸宅も同じ構造になったのだ。

但し、内裏と貴族の邸宅にはひとつ差異がある。

内裏の正門が南にあるのに対し、貴族の邸宅は主に東にメインの出入り口を設

※敷地の北側に主屋となる「寝殿」、東西に「対《たい》」を設け、寝殿と対は渡り廊下で結ばれる造りが基本。南側に配した庭を囲むように、コの字形に建物が配置される。敷地全体は外壁で囲まれ、東西の門を介して外部と繋がる。

けているのだ。

　これは風水とは関係なく、天皇に遠慮したのが理由という。「天子南面《てんしなんめん》」できるのは天皇だけ、というわけだ。しかしながら基礎となる吉相は譲れないため、アウトラインは変わらなかった。

　この寝殿造には、いわゆる「家相」に相当する文献は残っていない。だが、手懸かりはある。

　平安時代に著《あらわ》された『作庭記《さくていき》』だ。『作庭記』は日本最古、世界最古の造園指南書だ。寝殿造の作庭についての書物だが、その内容は風水的にも非常に的確で、奥深い。

青龍《せいりゅう》＝東／河川
白虎《びゃっこ》＝西／道
朱雀《すざく》＝南／池・海
玄武《げんぶ》＝北／山

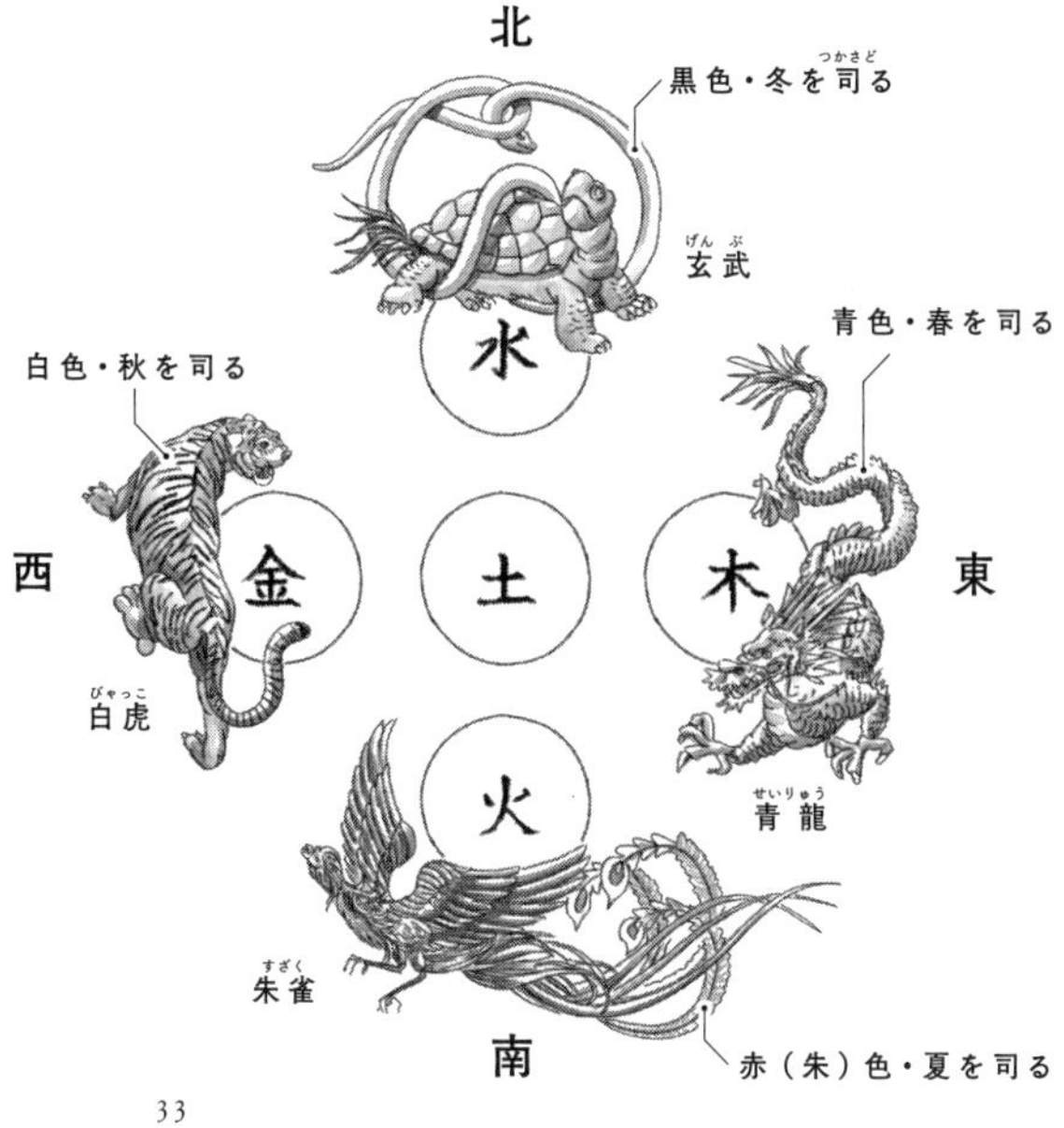

四神図《しじんず》
東の青龍・西の白虎・南の朱雀・北の玄武の四神（霊獣）と、それぞれが司る方位や季節、色などの属性を示した図。

33頁に記したのは、風水に適《かな》った土地の条件として知られている四神相応《しじんそうおう》だ。だが、理想モデルを見ればわかるように、本来の風水は、東に川があれば善《よ》いという単純なものではない。

『作庭記』でも、四神は方位を司《つかさど》るシンボルとして用いられるが、単に龍と記された場合は、川である場合もあれば、山を指す場合もある。

『作庭記』の作者はそれらを巧みに使い分けている。

作者は現在、定説として橘俊綱《たちばなのとしつな》とされている。

俊綱は土木・建築などを職掌する修理職《しゅりしょく》の長である修理大夫《しゅりのだいぶ》を長年務め、自ら邸宅の造営をも行うような人物だった。

『作庭記』には造園のことしか記されていないが、庭のみに風水理論を適用したわけではないだろう。理想の造園の前には家屋もまた、理想的でなければならないからだ。

立石《たていし》・池・島・遣水《やりみず》・滝など、『作庭記』にはそれぞれ興味深いことが書かれているが、目を引くのは遣水についてだ。

同書によると、遣水は青龍が守護する東から南、そののち西へ流れるのを基本とし、南庭に流し遣る水は、寝殿と東対屋《ひがしのたいのや》を繋ぐ透渡殿《すきわたどの》の下から出して、白虎が守護する西へ向けて流すのが一般的であるとする。

そして遺水を龍と見立てて、流れが湾曲する内側、凹の部分を龍の腹とし、住まいをその腹にあてがうことを吉とする。反面、背になる凸側に住まいを建てるのは凶だ。

この判断は、現代風水の吉凶判断にも、そのまま引き継がれている。

即ち、屈曲する河川や道路の内側に家を建てるのは吉、外側は凶とされているのだ。

龍の背にあたる凸側は、川の水に削られる土地だ。大地が水の勢いに負け、気が殺《そ》がれ続ける場所となる。逆の凹側は大地の力が強く、水によって守られる。

龍の腹側というのは、龍に抱かれて守護されていると見ることもできるし、実際、川によって運ばれた堆積物が溜まる肥沃な土地なので、富が溜まる場所とも見做《みな》される。

人や車が行き交う道もまた、水が流れる川と同様とされる。両者の風水的作用は相似するため、道路のカーブの外側に家を建てるのも凶となる。

現代は主に狭い範囲、ひとつの建物での話となるが、河川の屈曲による吉凶は、元々一地域の風水的地勢を測《い》るものでもあった。

その吉相が見事に活きた土地が韓国にある。

安東《アンドン》市の河回《ハフェマウル》村という村だ。

ここは洛東江《ナクトンガン》という河川が、S字形に曲がって村を包み込んでいる。山もまた屏風《びょうぶ》のように村を取り囲み、家屋は丘陵を中心に川に向かって配置されている。

それゆえに各戸の方位はばらばらで、一見、南面を基本とする風水的な住宅の向きとは

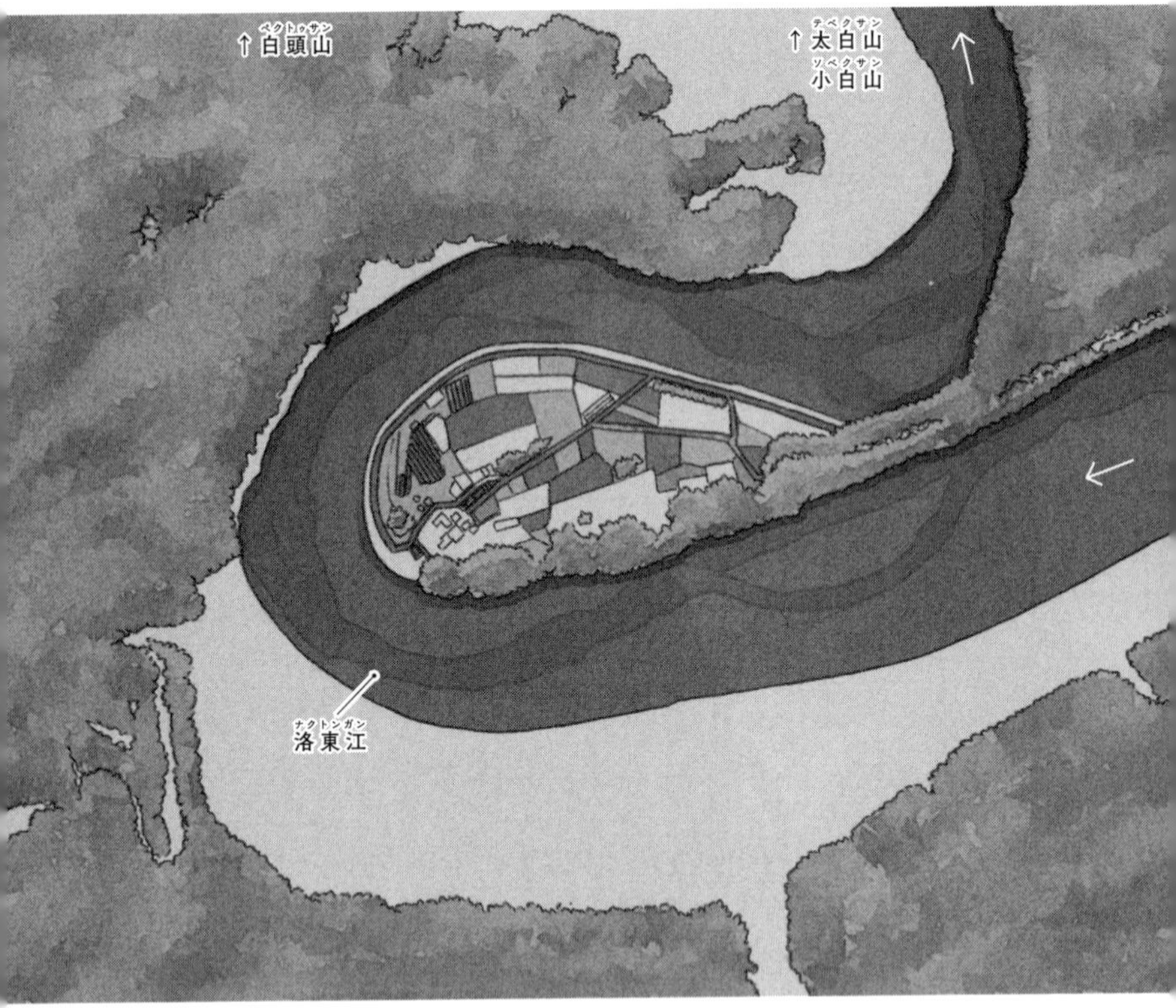

安東河回村《アンドンハフェマウル》の地理的条件
韓国の風水において重要とされる白頭山《ペクトゥサン》から連なる太白《テベク》・小白《ソベク》山脈と、この山脈を水源とする川（洛東江《ナクトンガン》）に囲まれた、風水の理想地形とされる場所。洛東江がこの集落全体を巻き込むように蛇行して流れているため、まるで島のようにも見える。

異なって思える。が、山を背にして水を前に置くという、基本からは外れていない。

　これだけでも、充分、吉相の土地に思えるのだが、ここにはなんと、風水の方術にまつわる伝説までもが残っているのだ。

　——昔、この村は成人男子が早死にしてしまうため、年若い未亡人が多かった。それを知ったひとりの風水師が、この地に方術を施した。

　即ち、洛東江が片仮名の「イ」に似た形になっているので、河回村の背後の山から流れる水を片仮名の「二」に似せた形に整え、河回村を巡る水の形を仁義の「仁」という形にした。次に村の各所に木を植えて「寿」の字をつくり、水の「仁」と木の「寿」で村を包んだ。

　つまり「仁者寿」（じんじゃはいのちながし）という成語を川と木で表したのだ。

　風水の基礎になる陰陽五行《いんようごぎょう》思想では、水の性《しょう》は「仁」、木の性は「寿」となる。風水師はそれに基づき、水を「仁」の本性に立ち戻らせ、水は木を育むという「水生木《すいしょうもく》」の五行相生《ごぎょうそうしょう》の理《ことわり》に則って、水気で木を活かした。そして木に「寿」の本性を発揮させたのだ。

　五行相生・相剋《そうこく》については、38頁を参照してほしい。万物を分類する五行即ち木火土金《もっかどごん》水《すい》は、それぞれ相手を活かして育てる力「相生」を持ち、またそれぞれを抑圧する力「相剋」を持っている。これらをうまく利用するのが陰陽道、風水だ。

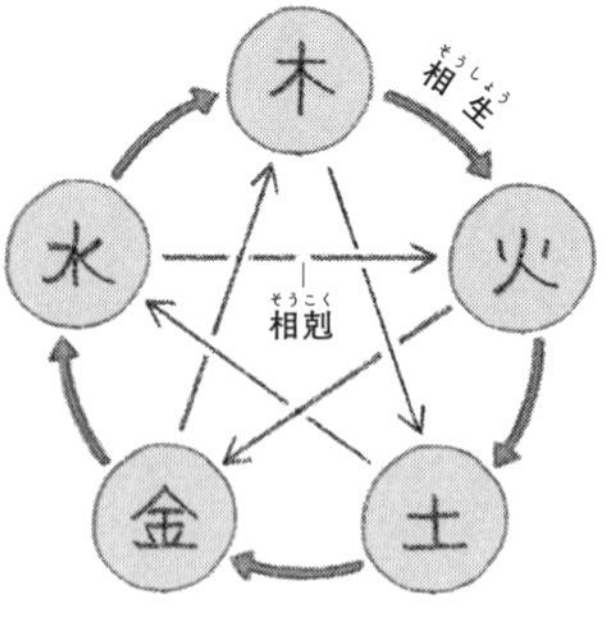

五行《ごぎょう》相関図
五行とは「木・火・土・金・水」の五元素のこと。五行は互いに影響を及ぼし合うことで変化・循環し、調和を保つとされる。

また「寿」という文字は、長寿や寿命という言葉のとおり、字そのものに「人が生きる年月」という意味がある。ゆえに河回村は「水生木」の理に則って水が木を育み、木は「寿」につくられて早世を防ぐ地となったのだ。

風水師は五行と文字の力を頼んで地形を整え、河回村を吉相地に変えた。

風水が地形のみならず、陰陽思想や文字、成語を使った呪術をも用いることがわかるだろう。実際の現場では、広い知識と教養、機転が求められるのだ。

現在、河回村には樹齢六百年を超える欅《ケヤキ》をはじめ、巨木がたくさん残っている。また、この村は世界遺産にもなっている。昔の風景がそのまま残っているのが魅力だが、これは風水のひとつの功罪の結果でもある。

善い土地というのは、居心地がいい。そこにいるだけで満足してしまうので、生活をもっと良くしていこう、改善していこうという欲があまり出なくなる。

また、風水を気にする場所なら、木を一本伐《き》るのにも気を遣う。すると、ある意味での桃源郷ではあるけれど、タイムカプセル的に昔の姿をずっと保持する場所になる。

今のように、文明は先に進まなくてはならない、経済をもっと回さなければならないという思いに囚われると辛いだろう。

もちろん、経済の発展や物質的豊かさを享受するために風水はある。だが、それらを求める根源には「幸福」を希求する心がある。

あくせくせず、のんびり楽しく暮らすことを理想とするなら、それを最優先とする風水があってもいいと思う。

そういう意味で、安東河回村はまさにひとつの理想郷なのだ。

第四章

風水的吉凶と龍脈のパワー

既に何度も記しているが、風水的吉凶の重要な条件は風と水、そしてその流れ方となる。

急峻な山の上に住むのは危険だし、家の隣に激流が流れているのも落ち着かない。また、いつも強風に曝されている土地も暮らしづらいに違いない。

風水は人の暮らしを守り、豊かにするためのものだ。

ゆえに、風も水も人に対して適度に穏やかで優しくあるのが理想であり、それらをもたらす形状が、結果、吉となるわけだ。第三章で紹介した『作庭記《さくていき》』の遣水《やりみず》、即ち龍の腹なども根本的な思想は同じだ。

気の流れを緩衝《かんしょう》するための屈曲《くっきょく》は、地形のみならず建物そのものにも適用される。沖縄の首里城《しゅりじょう》の壁もまた風水的に工夫されている。外壁を緩やかにカーブさせることにより、風の流れを柔らかにするのだ。

これらのカーブは風や水の流れのみならず、人の心も穏やかにする。屈曲の内側で過ごすことは、大きな存在に守られているかのような安心感をもたらしてくれる。

ＪＲ有楽町駅側にある東京国際フォーラムはその好例だ。

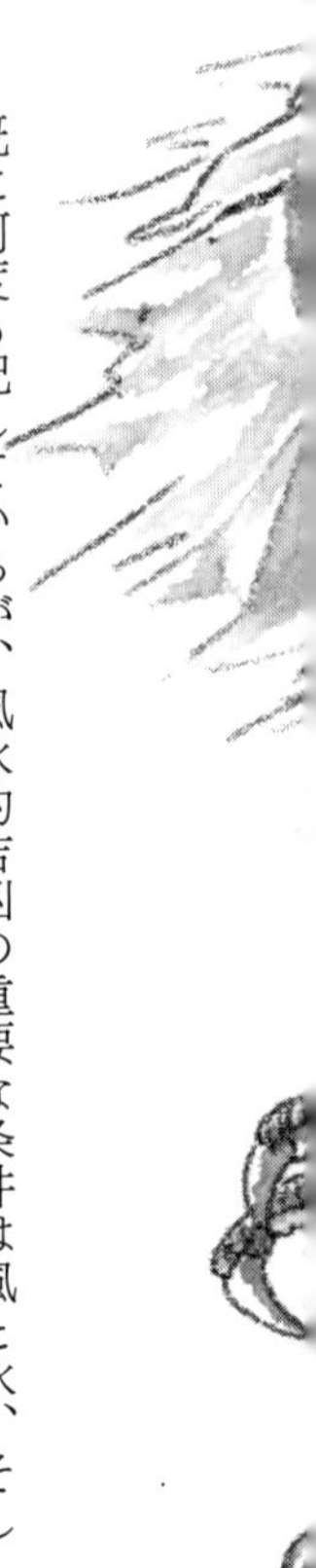

「気の流れ＝龍脈」のイメージ図

風水において、龍は山や川などが発する自然のエネルギー（気）の象徴とされる。このエネルギー（気）の流れのことを「龍脈」と言い、龍脈が通る場所は「風水の善《よ》い場所」であるとされる。この図は山脈を龍脈（龍の体）になぞらえた理想の風水モデルのイメージ図で、最も重要な頭（龍穴《りゅうけつ》）を抱え込むように龍が両手を広げている。

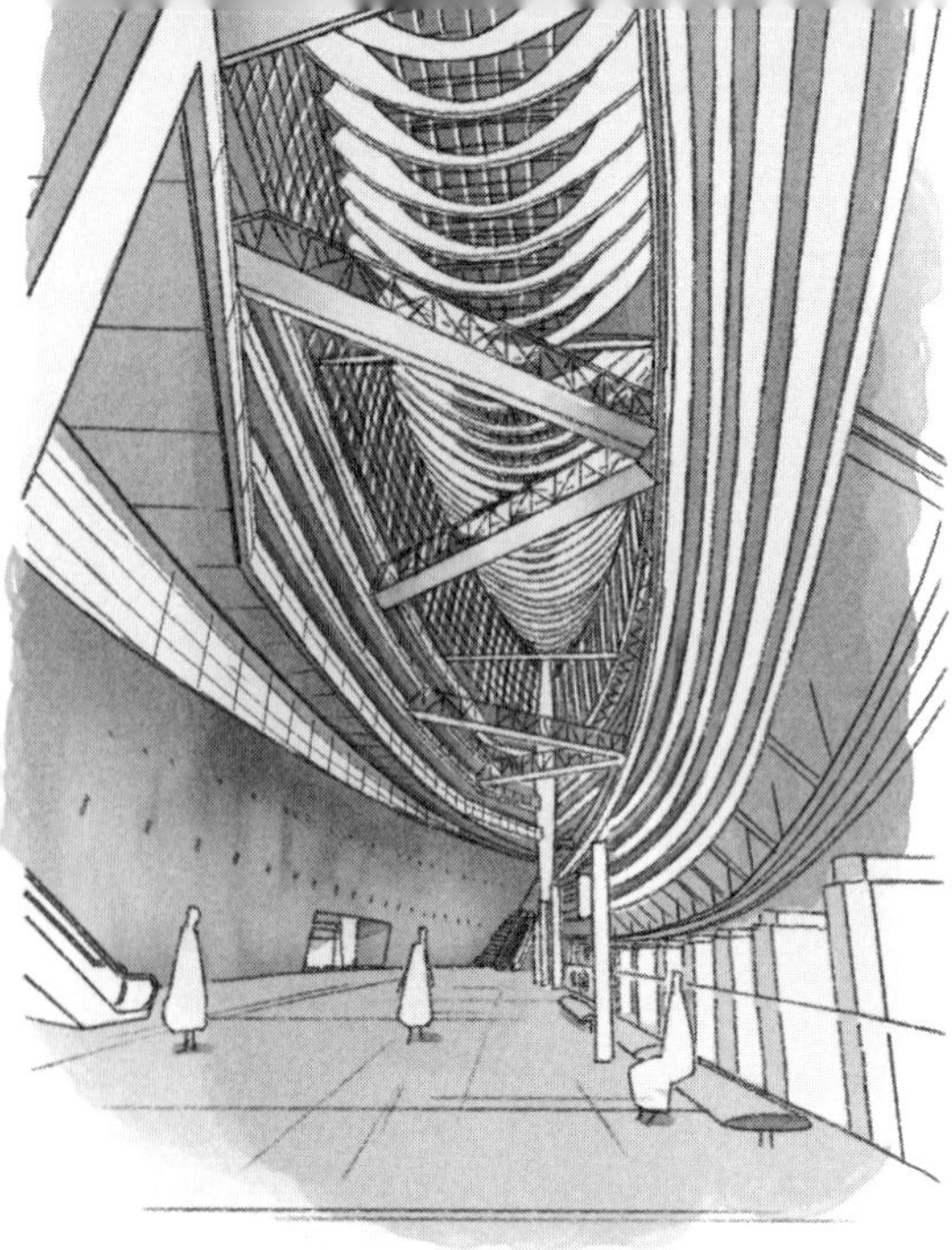

東京国際フォーラムは、ウルグアイ出身の建築家ラファエル・ヴィニオリ・ベセイロによってデザインされた。

一九九七年、旧都庁の跡地に建ったこの国際コンベンションセンターは、まるで大きな手の中に包み込まれているごとき安心感と心地好《よ》さがあり、落ち着ける場所となっている。中央吹き抜けのベンチに座ると、昼寝がしたくなるほどだ。

出身から考えて、建築家は風水を意識したわけではないだろう。だが、それでもこの場所を見れば、風水的には吉となる。当事者が気にしていようがいまいが、風水や手相・人相などの占いは、診《み》る側によって吉凶が定められるのだ。

占いなんか信じていないと言ったところで、手相見は掌《てのひら》に刻まれた皺《しわ》から運命を読み取る。同様に、施主の意識がどこにあろうと、風水師は家や土地を読み取って、吉凶の判断を下すのだ。

大邸宅でもワンルームでも変わらない。風水に適《かな》えば居心地の好い空間ができ、居心地の好い空間は風水に適っていると言えるのだ。

人が快適に過ごせるか否かは、生理的・心理的なものなので、実は洋の東西や古今すらも関係ない。ゆえに東京国際フォーラムは、設計者が風水を知らずとも風水的に優れており、魅力的な場所となっている。

つまり、日本、アジア圏以外でも、風水的吉凶は適用されるということだ。

もちろん、気候風土によって建材などは異なる。しかし、周囲に危険がなく、便が良く、くつろげる土地で暮らしたいと思う気持ちは、万人共通のものだろう。

よく訊《き》かれる事柄に、南半球と北半球で風水は同じなのか、という問いがある。

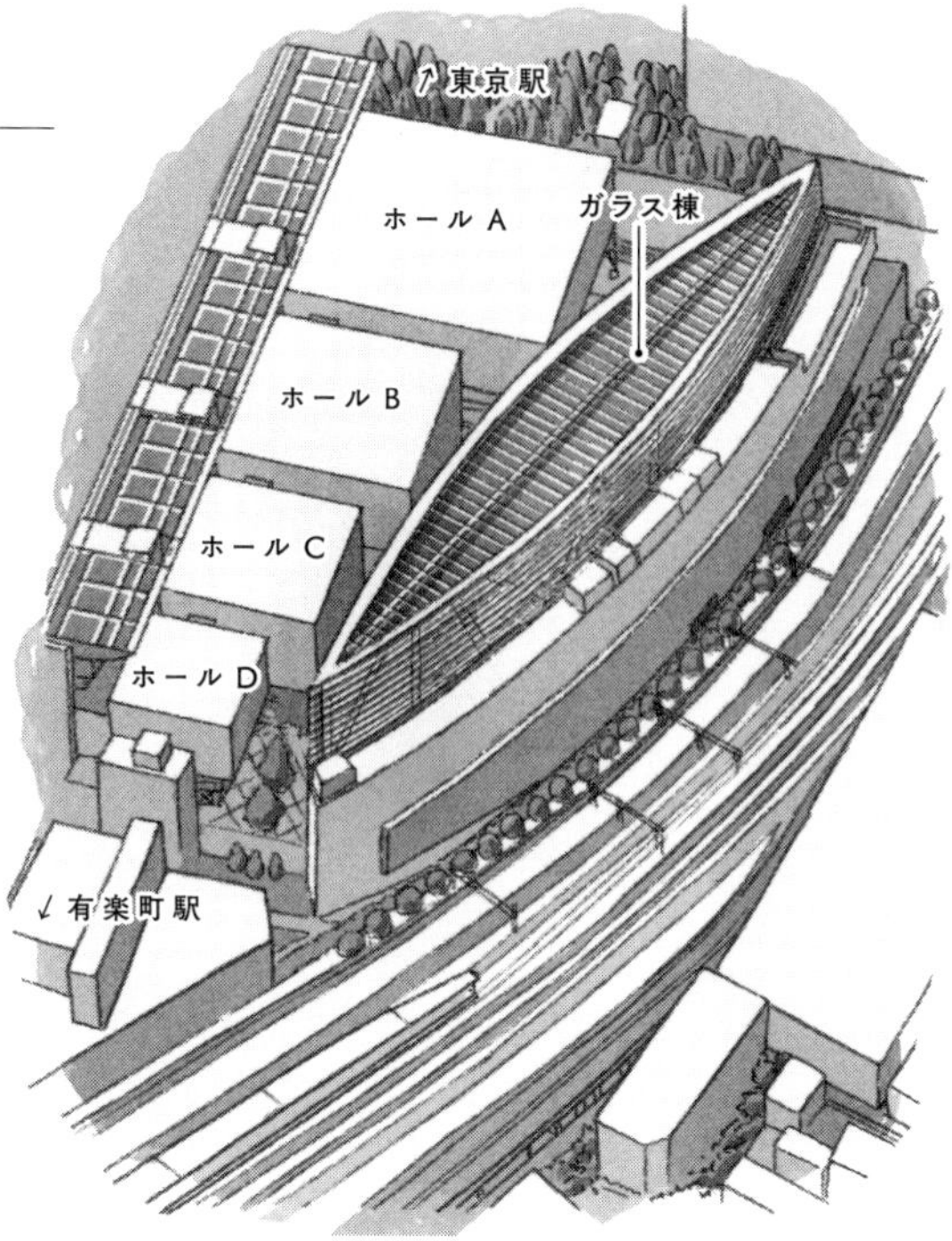

東京国際フォーラムの建築

（右）ガラス棟地下1階に位置するメインロビー。高さ60mの広大な吹き抜けから自然光がふんだんに射し込む、明るく心地好い空間。（左）東京国際フォーラムの俯瞰図《ふかんず》。山手線線路沿いの敷地を有効活用するため緩やかにカーブした舟形のガラス棟を設け、地上の広場を挟んでA～D（地下にE）のホール群が並ぶ配置。ガラス棟はロビーギャラリー（パブリック空間）として機能している。線路からの騒音を遮る役割も兼ねるため、外は閉じて中に開く構造。

同じだ、と、ここで明言したい。

太陽が西から昇らない限り、その解釈は変わらない。

『作庭記』や四神相応説《しじんそうおう》において、川は龍にたとえられるが、龍は本来、様々な自然エネルギーの象徴だ。ゆえに、山脈・山形も龍の姿で表現される。

40頁のイラストは、山の姿を取った龍が、海に首を伸ばした形でもある。

山は風の流れを調整するものだ。風水における風と水は断絶することなく、双方程好《ほどよ》い関係で、お互いを豊かにするのが理想となる。

山から湧き出した水は、様々な養分と共に海に流入する。海はまた、蒸発することで雨を呼び、山河を潤していく。大地と海はひと続きなのだ。

その思想を形にしたのが、リージェント香港《ホンコン》だ。

このホテルのラウンジは、香港湾に面した壁がすべてガラス張りとなっている。

聞いた話によると、この場所は龍が水を呑みにくるところになっているため、ホテル側はそれを妨げないように、海に面する壁をガラス張りにし、水が見えるようにしたという。

中国返還前の香港においては、建物を施工するときに施主とデザイナーと風水師が相談し、一番優先されるのが風水師の意見だったという。リージェント香港はまさに、風水師の意見が最優先された物件だ。

返還後の風水師の影響力は不明だが、香港では今も多くの建物が風水的に興味深い形を保って残っている。

リージェント香港のある地区は九龍《ガウロン》地区、九頭の龍のいる場所だ。湾を挟んだ向かいにあるのが香港島。これが内海の状態をつくって、湾内に水が穏やかに流れ込むようになっている。つまり九龍地区から見た場合、香港島が風水理想モデルの「案山《あんざん》」「朝山《ちょうざん》」に相当するのだ。

何度も言うように、水や風への気配りは風水の要諦《ようてい》だ。それに配慮したリージェント香港のラウンジは、実際、本当に居心地が好い。

風水は「王法」であり、土地や建物を自由に使えるほど――金額と規模が大きいほど理想に近づける。

その意味で、このホテルは良い場所に良い建物を建てたと言っていいだろう。

但し、これも前回記したごとく、風水的吉凶はちょっとした景観の変化に左右される。

二〇〇四年四月、龍の水呑み場の前に、星光大道（アベニュー・オブ・スターズ）という遊歩道が巡らされた。

道というのは、風水においては川に準じるものとなる。人や車が往《い》き来することで、道には水と同様の気の流れが生じるからだ。その規模や勢いによっては、龍が水を呑む邪魔となり、海からもたらされる力をも殺《そ》いでしまうことになる。

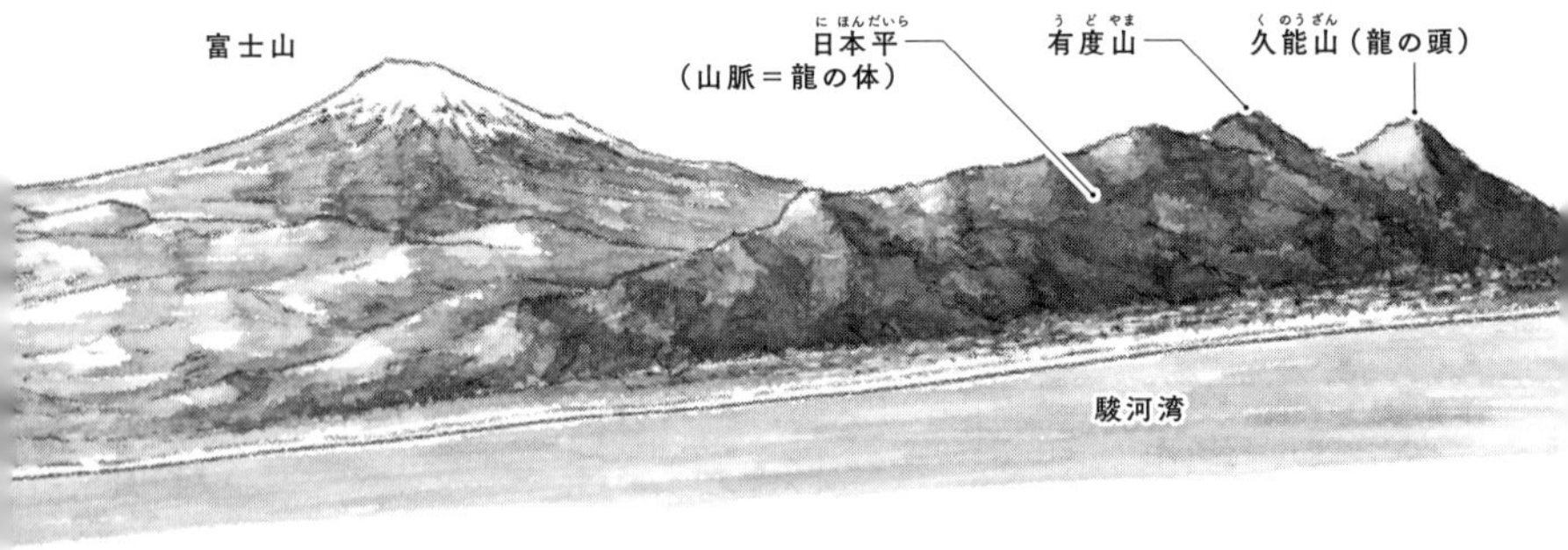

リージェント香港は、一九八〇年、リージェントホテルとして開業し、近年の大規模改修を経て、二〇二三年に再開された。

リニューアル後は一層の高級ホテルとなったようだが、風水師は何らかの対策を採《と》っているのかどうか。

生憎《あいにく》、情報が入ってこないので可不可は判断できないのだが、暫くはホテルの評判を注視しておきたいと思う。

海で水を呑む龍のイメージ――これがほぼ完璧に調っている場所は日本にもある。

静岡県にある久能山東照宮《くのうざんとうしょうぐう》だ。

安倍川《あべかわ》方面から富士山を望む位置に立つと、富士山の手前、北から南に連なって海に至る山脈が見える。

久能山と富士山の位置関係

安倍川方面から富士山と久能山を見たイメージ図。駿河湾に面した久能山が龍の頭、緩やかに連なる日本平が龍の背、そして龍の尾は霊峰・富士山に向かって伸びる。

久能山東照宮の龍脈イメージ図

龍の頭の位置が久能山東照宮。駿河湾に向かって龍が大きく両腕を広げている。久能山の山頂付近には徳川家康公を祀《まつ》る神社が建てられており、1159段の石段を上るかロープウエーで辿り着ける。久能山から続く日本平（有度山山頂とその一帯を指す名称）の辺りが龍の体。日本平は富士山や駿河湾を一望できる、絶景の眺望地としても知られている。

この山脈は緩やかな隆起を繰り返しながら標高を下げ、海岸線近くで一度、盛り上がってから浜に至る。

海近くで隆起した山はまさに龍の頭だ。そして、その上に建っているのが、久能山東照宮なのだ。

海に通じるこの山並みは、日本平《にほんだいら》に端を発して、南北に伸びて龍の本体を形成する。その山は海岸に至る手前で扇状に広がって、龍が手を広げた形をつくる。

さすが、江戸三百年の太平を創《つく》った徳川家だ。最高の吉祥地を手に入れている。

上空から、久能山東照宮そのものを見ても瑕疵《かし》はない。最早お馴染みの理想モデルに準じているのがわかるだろう。

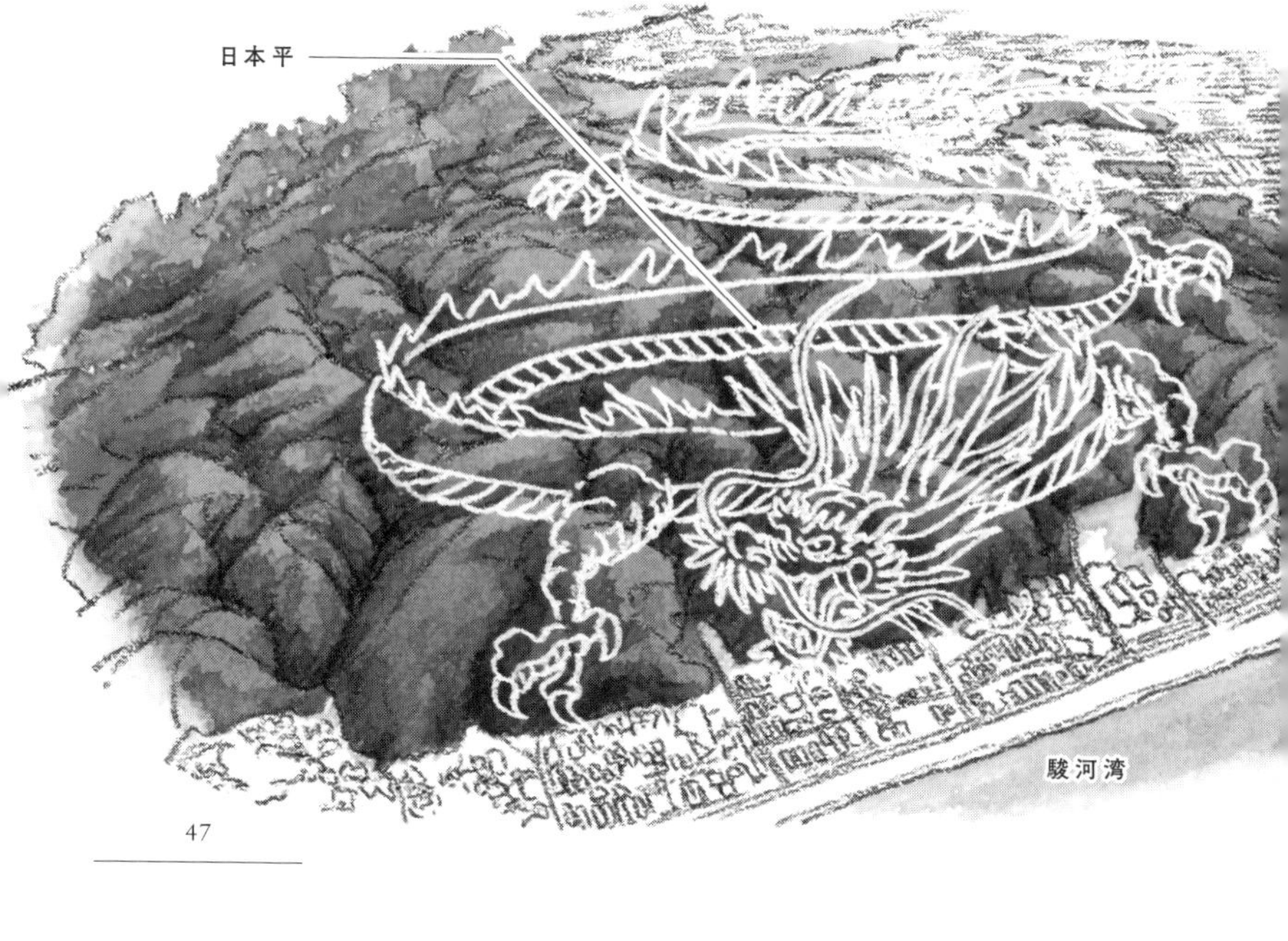

但し、この土地は人間が暮らすために適した土地ではない。神仏や祖霊のための場所だ。風水上、日本で最も重要視され、力があるとされるのは富士山だ。

その威力は本州すべてに少なからぬ影響を及ぼすが、山頂での生活が困難なことは語るまでもないだろう。一口に吉祥の土地と言っても、作用は実に様々なのだ。人の立場や職業によっても好立地は変化する。マニュアルどおりだからといって、万人にその吉凶が適用されるわけではない。

久能山東照宮も同様だ。

参拝に行くだけならば気持ちの好いところだが、龍の頭のてっぺんは人が暮らすには強すぎる。そのため、ここは家康公のご遺体を安置した陰宅《いんたく》、墓地となったのだ。

第一章で、風水においては人が暮らす住居（陽宅《ようたく》）より、祖先を埋葬する墓（陰宅）のほうが重要だと記したが、当然ながら、江戸幕府はそのことを充分にわかっていた。

久能山東照宮のホームページは、こう記す。

「徳川家康公は生前、家臣に対し、自分の死後について『遺体は駿河国《するがのくに》の久能山に葬り、江戸の増上寺《ぞうじょうじ》で葬儀を行い、三河国《みかわのくに》の大樹寺《だいじゅじ》に位牌を納め、一周忌が過ぎて後、下野《しもつけ》の日光山に小堂を建てて勧請《かんじょう》せよ、関八州《かんはっしゅう》の鎮守になろう』（『本光国師日記《ほんこうこくしにっき》』より）との遺言を残されました。」

これは一種の呪術でもある。

龍の頭頂の気をまずたっぷりと家康公のご遺体に染み込ませ、栃木県日光山に移動させる。それによって久能山東照宮の龍には家康公の気配が残り、片や日光東照宮には龍の気が移り、宿ることになる。

江戸から見た日光は北辰《ほくしん》、即ち天子の坐《いま》す北極星の方角となる。また、日光に鎮まった東照大権現《とうしょうだいごんげん》からすれば、江戸を南に置くことは「天子南面《てんしなんめん》」と等しくなる。

いや、もしかすると徳川は、日光を祖山《そざん》、房総半島と伊豆半島を青龍《せいりゅう》・白虎《びゃっこ》の山として、家康公の遺言どおり、関八州丸ごとを抱え込んだ可能性もある。

あまりに巨大な仕掛けだが、地図を見れば的外れとは言い切れないことがわかるだろう。詳しく語る余裕はないが、日光には風水のみならず、様々な仕掛けが施されているので、興味のある方は調べてほしい。

風水の八割は環境学的視点で理屈が通るが、実はそこには多種多様の呪術やマジナイが絡んでいるのだ。

風水は飽くまで業《わざ》であり「術」だ。倫理や道徳性を希求して、人のありようを示す「道」ではない。

しかし、この「術」の中には科学、技術、宗教的な要素がふんだんに含まれている。

そこが風水の面白いところでもあり、厄介な部分とも言えるだろう。

第五章

マジナイ的思考と風水

前回までは、風水の理想的な形に基づいた例を挙げてきた。しかし、全国津々浦々に吉祥地があるわけではない。

土地も限られるし、上物《うわもの》の形にも制約や限界がある。そうした場合、どうするか。

そこで出てくるのが、マジナイ的な風水だ。

個人の家屋ならば、ここでこそＤＩＹ風水の出番となるが、風水が為政者《いせいしゃ》の方術《ほうじゅつ》であった時代には、今とはかなり異なった考え方や方法で対処していた。

現代的な環境理論に照らし合わせても、風水には合理的な部分が多々ある。しかし、究極的には、やはり霊感、呪術の世界だと言える。最重要ポイントである龍穴《りゅうけつ》を求めて定めるときも、最終的には理屈より霊感のほうが優位となるのだ。

理詰めでやってきた最後の最後で、一般人はハシゴを外されてしまうわけだが、実は風水の理想モデル自体、呪術的思考に基づいている。

用いられているのは、類感呪術《るいかん》だ。

類感呪術というのは文化人類学者であるジェームズ・フレイザーが定義したもので、似た形は似た力を持つという、呪術の性質を表す言葉だ。

わかりやすい例として挙げられるのは、丑《うし》の刻《こく》参りだ。

丑の刻参りは、害したい相手に見立てた藁《わら》人形に五寸釘を打ち込むことで、相手の肉体に現実的な危害を及ぼそうとする呪詛法だ。

これは、人の形と類似したものは人と似たものになる、または人そのものの命を宿すといった考えに基づく。

この思想は、風水の理想モデルが女性器の形を取ることと通底している。

大地が命を生み出す形に似るからこそ、その土地は様々なものを生み、豊かになるのだ。

丑の刻参り
この儀式を行う者は白衣を纏《まと》い、五徳《ごとく》を逆さに被って3本のろうそくを灯し、高下駄を履いて丑三つ時（午前2時頃）に社寺を訪れ、呪う相手に見立てた藁人形を境内の木に五寸釘で打ち付ける。他人に見られることなく7日または14日間行うことができれば呪いが成就するとされる。

第三章で紹介した韓国・安東《アンドン》における川と木で表した「仁者寿（じんじゃはいのちながし）」も、文字に宿る力や徳を村の風景に転写した類感呪術の一種と言えよう。「なぞらえる」「見立てる」ことで、同様の力を得るのだ。

これらに寄せる期待は大きい。

実際、何ナニに似ている、何ナニに見える、というのが風水では重要だ。ただ、国やその時々の状況によって、具体的方法は変わってくる。

珍しいケースが、朝鮮民主主義人民共和国の首都・平壌《ピョンヤン》にある。

平壌の地形は牡丹台《モランデ》という場所から見ると船の形に似ているため、「行船形《ぎょうせんけい》」と称された。そして、船を係留するには碇《いかり》を下ろさねばならないと、風水によって判断されたのだ。

この判断により、首都を東西に貫く河川・大同江《テドンガン》に面した練光亭《リョングァンジョン》の下、平壌のほぼ中心にあたる深い淵に碇が沈められたという。

話は伝説化して、「平壌の沈碇《ちんてい》」として長く語られてきた。

ところが。

一九二三年。実際、練光亭下の淵を探ると、水の底から鉄製の大きな碇が見つかったのだ。碇は引き上げられ、そして引き上げたからには、最早「沈碇」ではなかろうと、陸に出したままにしたという。

しかしながら、その年に平壌始まって以来の大洪水が発生して、街は浸水。建物のほとんどが壊滅するほどの被害が出た。

人々はこれを偶然とは見做《みな》さなかった。

碇を引き上げてしまったために、船が押し流されるような運気に変わってしまったのだ。もしこのままにしておくならば、平壌はやがて水のため、跡形もなく消えるだろう……。

人々はそう考えて碇を再び淵に沈めて、平壌を繋ぎ留《と》めたのだ。

——右の話は昭和四年に採取されたものだ。

話に出てくる牡丹台、練光亭の祖型《そけい》は高句麗《こうくり》時代に遡り、以降、幾度も再建されて今に至っている。練光亭を見はるかす牡丹峰《モランボン》は東に大同江を置き、山頂からいくつもの尾根が牡丹《ぼたん》の花弁のように広がるために、その名がついた。本来は城塞だったと言うが、平壌随一の景勝地であり、私たちも知る企業の社名にもなっている。

多分、そんな牡丹峰に接する淵に碇が沈められたことにも意味があろう。生憎《あいにく》、調べはつかなかったが、王朝時代にはもっと様々な仕掛けがあったに違いない。

「平壌の沈碇」は土地の形が船に似ている、ゆえに碇で繋ぐのだという、典型的な類感呪術だ。

子供騙しにも思えるが、こういう方法も風水の技のひとつであることは確かだ。土地の形に意味を見出《みいだ》した平壌のケースは、ある意味、正統な類感呪術だ。

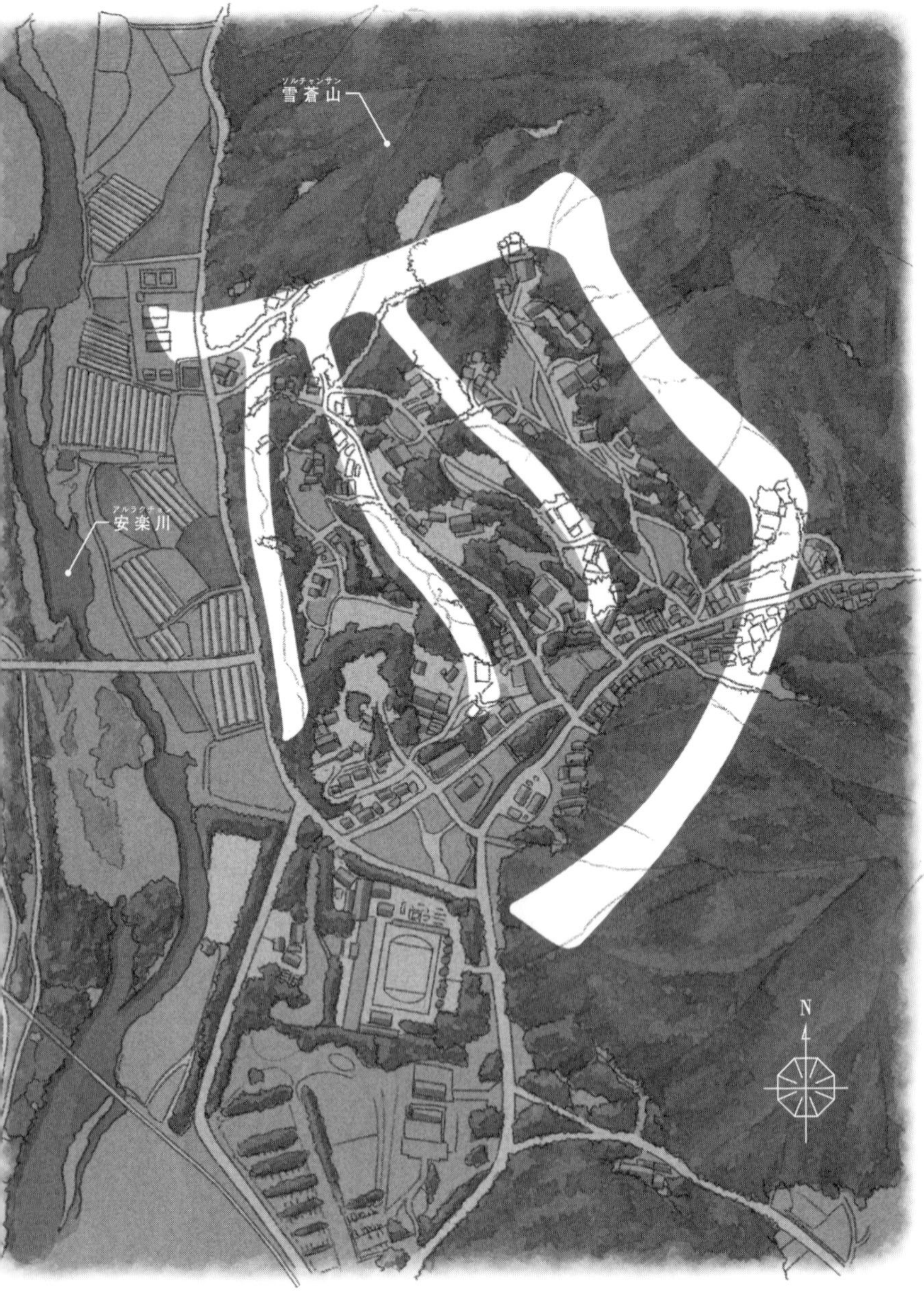

雪蒼山 ソルチャンサン

安楽川 アルラクチョン

N

漢字圏の文化だからだろうか、文字の力に頼って土地を治める風水の術も散見される。

安東河回村《ハフエマウル》の「仁者寿」もそうだが、韓国には地形自体を漢字に見立てて判断した例がある。

良洞《ヤンドン》という村は、風水的に非常に優れていると言われている。村は小さな丘陵がフォークのように連なる場所にあるのだが、この形は「勿」という漢字を象《かたど》っていると見做される。「勿」は禁止を表すが、弓の弦を鳴らして魔除けを行う形とも解釈される。魔物よ、悪さすること勿《なか》れ、という意味だ。

これは「呪禁《じゅごん》」と言うマジナイにも関係してくる。

呪禁の方法は道具を用いたり、呪文を唱えたりと様々だが、呪禁の「禁」とは邪気や魔物を制圧すること。そして、その害を退けることを指す。日本の古代律令制でも、典薬《てんやく》寮《りょう》が呪禁によって、病気の治療にあたっていた。「禁」は攻撃ではなく、制して戒める力を表すのだ。

ゆえに「水を禁じる」と言った場合、水そのものはそのままにして、洪水などの悪しき水の作用を抑えることになる。フィクションにおける呪術師同士や魔物相手の戦いならば、

韓国・良洞村《ヤンドンマウル》の地形イメージ

韓国慶尚北道《キョンサンブクト》・慶州《キョンジュ》市郊外に位置する民俗村で、世界遺産にも登録されている。両班《ヤンバン》（李氏朝鮮時代の特権的な官僚階級）の集落として知られ、李朝時代（1392～1897年）の家並みや趣をそのまま残す貴重な村である。北側の雪蒼山《ソルチャンサン》から伸びる4本の尾根が、富をもたらすとされる「勿」の字に見えるため、住む者が繁栄する風水的な吉祥地としても知られる。

「火を禁じる」技を使えば、相手術士の火の術を無効化したり、魔物がもたらす火の災いを封じることができるわけだ。

「勿」という字も、似たような意味を持っている。良洞村の「勿」は、村に潜む禍《わざわい》を封じ、「悪さすることなかれ」と諭している。

面白いことに、良洞村は河回村同様に、伝統的な集落が残っている土地として、世界遺産に登録されている。

ここもまた、発展する必要を感じないほど、住みやすい土地なのだろう。風水的には本物の吉祥地だと言ってよい。


このような文字による土地のマジナイは日本、京都にも存在する。

鴨川《かもがわ》に程近い法城山晴明堂心光寺《ほうじょうさんせいめいどうしんこうじ》（京都市左京区三条上ル超勝寺門前町）だ。

この寺院に伝わる話は、陰陽師《おんみょうじ》・安倍晴明《あべのせいめい》に所縁《ゆかり》がある。

心光寺は前身を法城寺《ほうじょうじ》と言い、元々は鴨川五条辺りの中之島という中州の上に建っていた。平安時代、五条辺りは鴨川の氾濫地域にあたっており、しょっちゅう浸水の被害に遭っていたのだ。安倍晴明はそれを憂いて、中州に法城寺を建てて治水とした。

即ち、「法」の字は「氵（さんずい）」に「去る」。「城」という字は「土」が「成る」。つまり、水が去って土と成る。

晴明は「法城寺」のこの名をもって、鴨川の氾濫を治めたという。

まさに、水を禁じた呪禁だ。

安倍晴明の術ならば、当然、陰陽道のものだ。だが、陰陽道には本来、風水も含まれる。そのため、この逸話も文字の形、言葉を使った風水術と読み解ける。

晴明没後、中之島には晴明塚と呼ばれるものもあったというが、寺も塚も川の氾濫で流されて、中之島も消失した。現在の心光寺には法城寺の本尊などが安置されているものの、場所は以前と異なっている。

余談となるが、かつて、鴨川（加茂川《かもがわ》）周辺の岸には「禹王《うおう》」を祀《まつ》った廟《びょう》が複数存在していた。

禹王は古代中国の伝説的な帝で、中国最古の王朝、夏朝《かちょう》を興したとされる。黄河《こうが》の治水に成功したため、治水の神として崇敬され、日本でも氾濫を繰り返す河川の側に廟が建てられた。

この禹王が、日本で最初に祀られたとされるのが、中之島の「夏禹廟《かのうびょう》」だ。

道教・陰陽道には足さばきを用いた「禹歩《うほ》」という呪術があるが、この術は禹王の歩き方を模したものと伝わっている。陰陽師・安倍晴明に所縁のある中之島に、後代、禹王廟が建ったのも故無きことではないだろう。

ちなみに「夏禹廟」はのちに解体され、四条の川辺、仲源寺《ちゅうげんじ》（京都市東山区祇園町）西

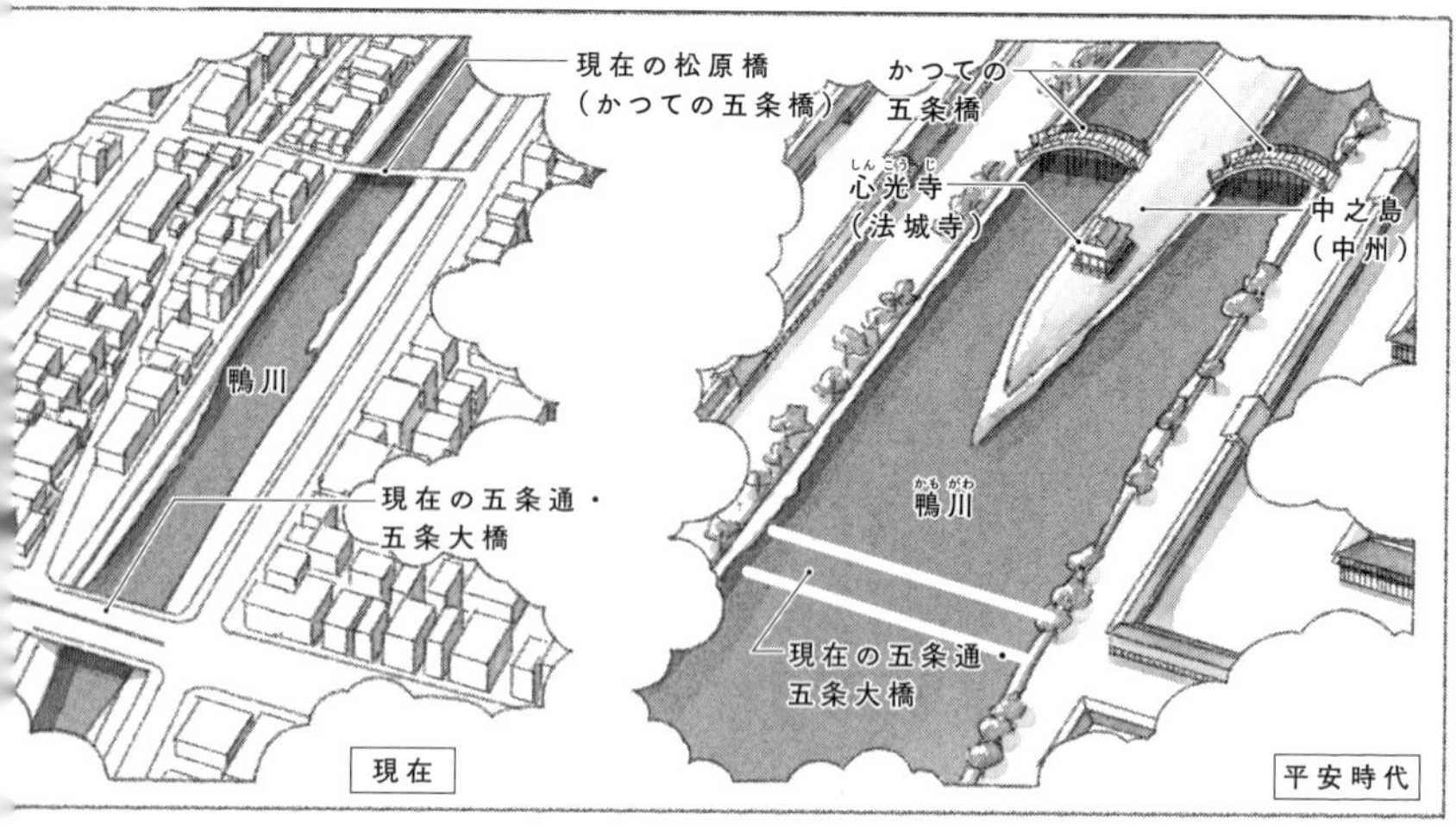

隣に改めて建立された。だが、これも室町時代末までには神明社に取って代わられ、消滅している。

仲源寺も現在地に移動したのは、天正十三年（一五八五）だ。祀られている「目疾地蔵《めやみじぞう》」は眼病平癒のご利益を掲げる。ところが、江戸時代以降、「目疾地蔵」は本来「雨止《あめやみ》地蔵」で、水神だったという伝承が出てくる。この地の治水神の面影を、消したくなかったに違いない。五条中之島は、今の松原橋の辺り。昔の五条橋が即ち松原橋となる。

古地図で見ると、鴨川は何本もの支流が綯《な》われて寄り添うような厄介な河川で、東岸は弓のように大きく張り出した、まさに龍の背にあたる場所――凶相の地となる。その大きな凸面の一部、中之島のあった周辺だけが、逆の屈曲、即ち龍の腹にたとえられる凹面を形作っている。この地形を守るため「夏禹廟」や「雨止地蔵」が祀られたのか。

確証はないが、周辺の地形と社寺の変遷は、暴れ川

平安時代と現在の
京都五条・鴨川周辺比較
初期の「洛中洛外図」を見ると、現在の松原通（松原橋）辺りに、鴨川の中州を挟むように2本の橋が架かっている。平安時代、この通り（橋）は五条大路（五条橋）と呼ばれており、清水寺《きよみずでら》の参詣道として大変賑わう通りだった。しかし天正18年（1590年）、方広寺《ほうこうじ》大仏殿造営にあたり豊臣秀吉の命で橋は南（現在の位置）に移され、五条大橋と呼ばれるようになった。

だった鴨川と、それを抑えようとする人々との格闘の軌跡とも想像できよう。

治水はまさに、国家規模の風水には欠くべからざるものなのだ。

風水の要諦《ようてい》は「蔵風得水《ぞうふうとくすい》」。水は疎《おろそ》かにしてはならない。


風水に限らず、文字の呪力に頼る例は数多《あまた》ある。

建築物によく見られるのは「水」の字だ。

これは火伏せ、火事除けの効果があるとされ、蔵や住居の破風《はふ》下に記されたり、鬼瓦になっていたりする。言うまでもなく、水は火を防ぎ消すので、マジナイにおいても同様の作用が期待されたのだ。

家の下ではなく、上部に文字を置くことも、今で言うスプリンクラーのような役割を期待したのではなかろうか。

「水」という文字の代わりに、波や魚、時には水鳥などを描いて、同じ効果を期待することもある。

社寺では、屋根の破風板部分に取り付けられた妻飾りを懸魚《げぎょ》と呼ぶが、魚の文字がある

水にまつわる装飾

土蔵や民家の妻壁（切妻屋根の外壁の三角部分）に、水や龍、波などの文字や意匠をあしらう火伏せのマジナイ。江戸時代には漆喰《しっくい》で職人が仕上げる浮き彫りの鏝絵《こてえ》仕上げが盛んになった。一説では、寺社仏閣や城にしか許されなかった懸魚の代わりのマジナイとして庶民に普及したと言われる。

懸魚《げぎょ》

寺社仏閣などの破風《はふ》（屋根の端部）の拝みに掛ける装飾。破風の大きさによって懸魚の意匠が変わる。この図は一般的な大きさの破風に掛ける「蕪《かぶら》懸魚」。小さな千鳥破風などには「梅鉢《うめばち》懸魚」、大きな入母屋《いりもや》破風には「三花蕪懸魚《みつばなかぶらげぎょ》」を掛ける。

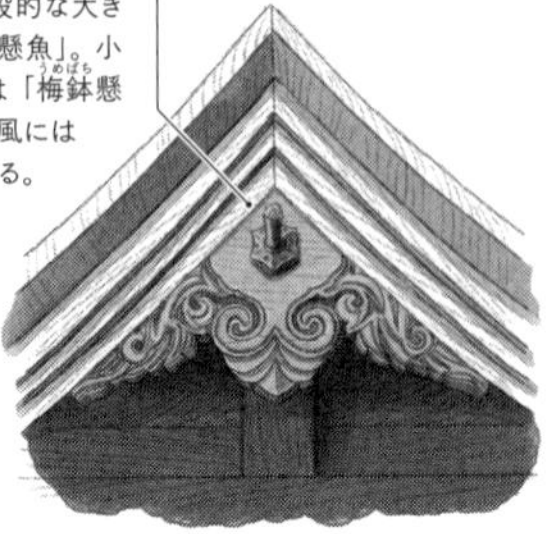

鴟尾《しび》

寺院や城などの大棟の両端に据える装飾（飾り瓦）。魚の尾を象《かたど》った火伏せのマジナイとして知られる。屋根装飾の鯱《しゃちほこ》や鬼瓦も同様に、災害回避のためのマジナイである。

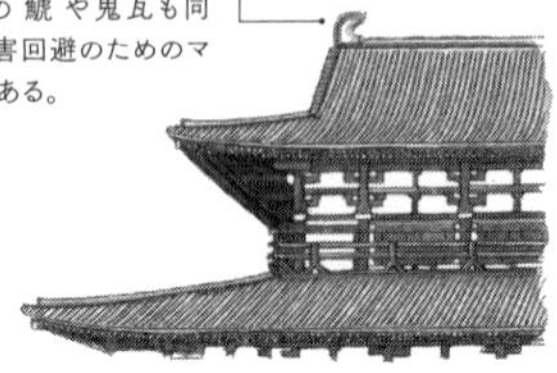

とおり、これも立派な火災除けだ。名古屋城の金の鯱《しゃちほこ》を筆頭とした、城の屋根を飾る鯱も期待される意味は同じとなる。

珍しいものとして、佐賀県伊万里市《いまりし》の造り酒屋、松浦一酒造《まつうらいちしゅぞう》が所蔵する「河童のミイラ」がある。

屋根の葺き替えをした際に見つかったもので、ミイラは古い木箱に入れられ、屋根裏の柱に括り付けられていたという。箱書きには「河伯《かはく》」、即ち中国における水神の名前が記されていた。

変則的な例ではあるが、これもまた、作用は火伏せとなる。

日本の建築と火伏せのマジナイ

大半の住宅や蔵が木造である日本においては、火災が大敵であった。そのため、火除けのマジナイが様々な形で普及し、現在に残っている。

無論、実際に火事になったとき、水の文字や河童のミイラが火を消し止めるわけではない。だが、こういったマジナイは、施主が「これで安心だ」と思えることが大切なのだ。想像してほしいのだが、もし破風下に「火」や「滅」などと記してあったら、あまりいい気持ちはしないだろう。人が暮らす場所にあって、大切なのは安全、そして安心だ。それは個人の家から村落、市街、国まですべて共通する。

家屋における火伏せのマジナイは、厳密には風水とは言えない。しかし、住環境に安心を担保する意味で共通している。

盲信するのは良くないが、緊張せずに落ち着いて生活できるということは、心理的なメリットも大きい。

特に長い間支持されてきたマジナイは、そのほとんどが生活や金銭、住居ならば動線に負担のかからないものだ。

古い建物に残された、数々の心理的安全装置を見直すことは悪くない。

大いに活用してほしい。

第六章 土地の陰陽と香港風水戦争

風水は視覚優位な業《わざ》である。

そのために「形」を最優先する。第五章ではそれを類感《るいかん》呪術として説明したが、実際、風水の中で「そのように見える」というのは、とても重要な要素となるのだ。

何かに似た形が、そのまま土地や建物の性質を表す場合も多い。また、故意に何かに似せることにより、そのものが持つ性質にあやかろうとすることもある。

香港における風水合戦の話をご存じだろうか。

界隈では有名な話だが、見た目が性質を表す例として、少し詳しく語ってみたい。

香港上海《ホンコンシャンハイ》銀行（以下、香港銀行）と中国銀行というふたつの銀行の争いだ。

香港銀行は一八六五年三月、イギリス資本によって設立された銀行で、現在のビルは一九八五年に完成。世界最大級の金融グループHSBC［※］の元本社ビルだ。香港で創設されたHSBC（香港上海銀行）は上海で営業を開始し、その後ロンドンに本店を移した。

一九八〇年代は香港が観光都市としても、映画をはじめとした文化の発信地としても、非常に勢いのあった時代だ。

香港上海《ホンコンシャンハイ》銀行と中国銀行の風水大戦争

「蟹ビル」こと香港上海銀行ビルは高さ178.8m、後出しで建てられた中国銀行タワーは367.4m。香港島の北岸、超高級ホテルや金融機関の高層ビルが立ち並ぶ華やかな中環（セントラル）地区に位置する。

※HSBCとは「Hong Kong and Shanghai Banking Corporation Limited」の略で、イギリスに本店を置く世界最大級の銀行。

香港銀行はその波に乗り、風水的に考え抜かれた巨大ビルを建設した。

まず、ビルのグランドフロアだが、これは吹き抜けのピロティとなっている。

このデザインは香港島の最高峰であるビクトリアピークからの龍脈を遮らないためとされている。以前、紹介したリージェント香港《ホンコン》と同じ考えだ。

ピロティにあるエスカレーターは上りと下りの二基あり、平行ではなく「八」の字になるように設置されている。

当然、これにも意味がある。

中国語の「八」は「発」と音が似るため、「発財《ファッチョイ》」（繁盛する、儲かるの意）に繋がるとして、縁起の良い数字とされているのだ。

エスカレーターはその文字を模し、さらに下りを若干短くしている。「入る」より「出る」を少なくするという、かなり周到なデザインだ。

また、銀行の前には二頭の大きな獅子が置かれて、魔物の侵入をも防いでいる。

香港銀行のビルは、建築的にも突出しており、通常の柱や壁を使わずに建物を支える特殊な吊り構造になっている。

即ち、鋼鉄フレームを用いた太い構造を建物の外側に出し、これで超高層ビルを支えているのだ。

このフレームの形によって、ビルは正面から全体を見たとき、蟹《かに》の姿に似ているとされた。そして、人々から「蟹ビル」の愛称をもって親しまれた。

蟹は卵をたくさん持つことから、豊かさの象徴とされる生き物だ。蟹に似ているということは、蟹の象徴である豊かさを帯びているのと同義になる。

つまり、富と繁栄を享受するため、風水的にやれることはやり尽くしたというのが香港銀行のビルなのだ。

実際、当時の香港銀行の収益は、過去最大に上ったという。

だが、その完成から五年後に建った中国銀行によって「蟹の繁栄」は脅かされることになる。

一九九〇年。中国資本の中国銀行が、香港銀行の東南東に完成した。

香港は一九九七年にイギリスから中華人民共和国に返還されたが、当時の香港では、中国への返還は

香港上海銀行のエスカレーター
吹き抜けのグランドフロアに位置する八の字のエスカレーター。「龍の口」を表すデザインという説もある。

ないといった噂があり、多くの香港市民も期待半分でその噂を支持していた。

ゆえに、中国銀行タワーの形は、返還を支持しない人にとっては風水的不安材料になった。

中国銀行タワーは、全面ガラス張りのシャープな印象を持つビルだ。

このビルは鋭利な角を香港銀行に向けており、包丁をイメージして建てられたと噂になった。

つまり、蟹を包丁でぶった切る姿と見做《みな》されたのだ。

風水では「壁刀煞《へきとうさつ》」と言い、ほかの建物の角が家に向けられているだけで凶となる。

こういった場合、一般家庭では凸面鏡などを用いて悪い気を散じるのだが、中国銀行タワーはそれ自体が鏡のようなガラス張りだ。

たとえ相手に鏡を向けても、その鏡像がまた自分の目に入る。通常の方法では、この「殺気」には対抗できない仕様と言えよう。

そして嘘か真か、香港銀行の業績は、中国銀行のビルが建設されたのち、徐々に下降したという。

焦った香港銀行は対抗策として、屋上にクレーンを設置した。

これが今度はピストルに見える、中国銀行に銃口を向けていると噂になった。そして、香港銀行は、クレーン設置の翌年に業績が回復したという。

——蟹のように見える、包丁のように見える。

何度も記しているように、風水では何々のように見えるということが、すごく意識されているのが理解できよう。

ちなみに香港銀行の設計は、イギリスの建築家ノーマン・フォスター。香港銀行は高層ビル初の吊り構造を採用したハイテク建築だ。

中国銀行の設計は中国系アメリカ人、イオ・ミン・ペイ。中国銀行のビルは「幾何学の魔術師」との異名を持つ氏の代表作となっている。

共に世界的建築家だが、両氏がどこまで風水を意識した（させられた）かはわからない。中国銀行の施工は熊谷組《くまがいぐみ》なので、内情を知っている人に伺ってみたい気もする。が、これも何度も言うように、形を象徴化して読み解く風水において、施主の事情は考慮されない。何に見えるか——それだけが、風水では重要なのだ。

また、この一件でわかるように、風水は「後出し」に弱い。

優れた土地を選び、最高の建物を建てたとしても、後から吉相を弱めたり、害する建物が建ってしまうと、吉意はたちまち殺《そ》がれてしまう。

以前も記したように、ちょっとしたことで運気は変化するのだ。

しかもほとんどの建物は、できた当時をベストな状況としているために、変化は凶に傾きやすい。事態に応じて増改築や改修ができない場合は、運気が下がる。そのためには

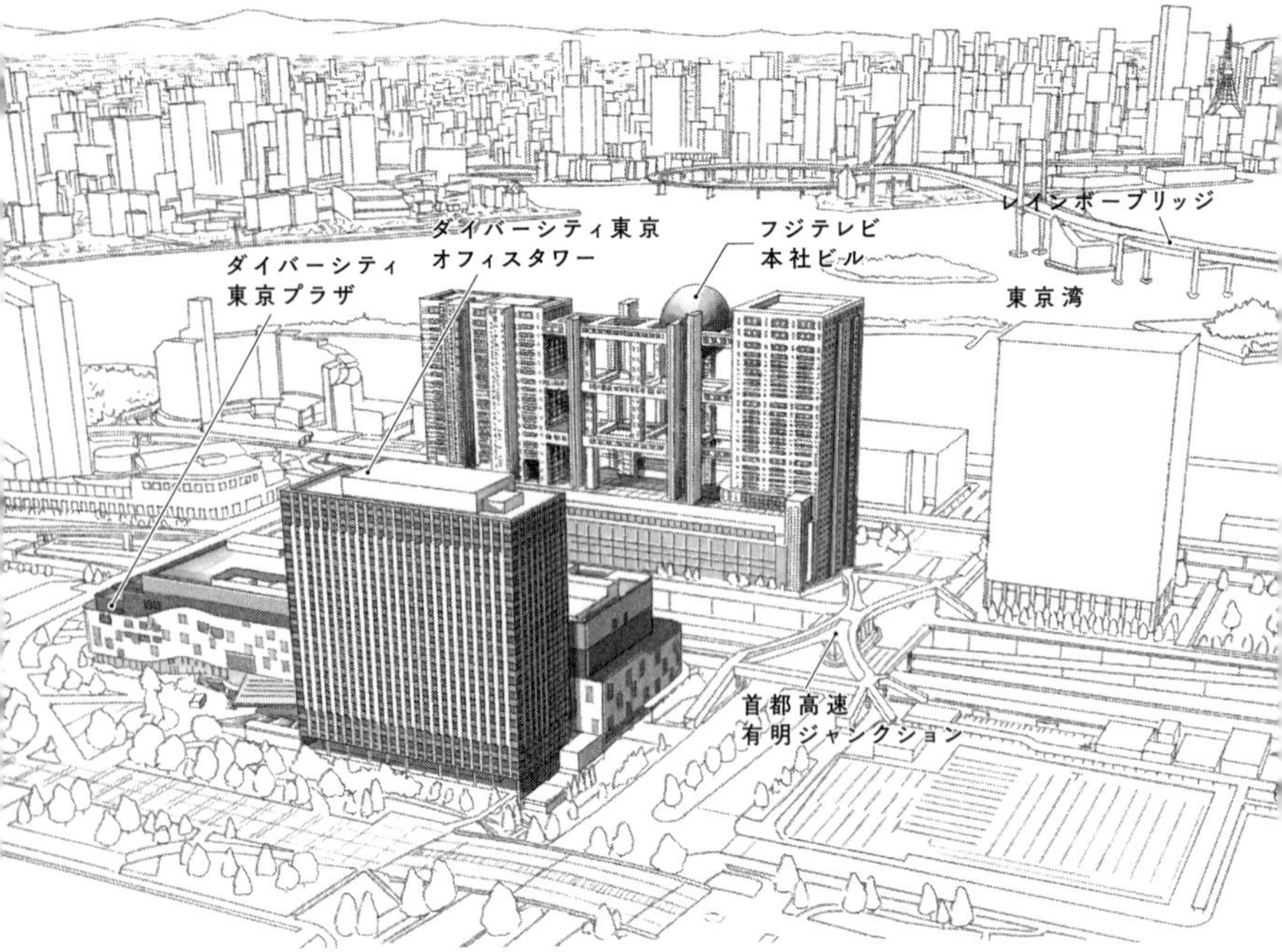

引っ越し、国単位ならば、遷都という考えになる。

もうひとつ、日本における悲しい後出しを見てみよう。

東京湾岸のお台場に建つフジテレビ本社ビルだ。

一九九七年、フジテレビ本社ビル（FCGビル）は海の近くに建てられた。

ご存じのようにこのビルは、中央部に空洞、その上に球体展望室「はちたま」を載せる個性的な姿をしている。

先のリージェント香港や香港銀行のピロティ同様、この手のデザインは風水的には龍を意識していることが多い。

海を前に風を遮らず、風と水の関係に配慮していると考えられるのだ。また、上部にある球《たま》は、龍の持つ宝珠を意識しているようにも見える。

立地、方角、湾の形。正面を遮る首都高の位置にこそ疑問が残るものの、ビルそのものは悪くないと判断することが可能だ。

フジテレビ本社ビルとダイバーシティ東京の位置関係
丹下健三《たんげけんぞう》氏によって設計されたフジテレビ本社ビル（FCGビル）。日本の民間放送局としては最大級のスケールで、メタリックな格子状の構造や直径32mの球体展望台（通称「はちたま」）など、お台場のランドマークと言える特徴的な建築物である。首都高速道路を挟んで、ダイバーシティ東京プラザ及びオフィスタワーが建つ。

ところが。

二〇一二年、首都高を隔てた正面に、ダイバーシティ東京プラザ及びオフィスタワーが建設されてしまったのだ。

この真四角な建物が、海に通じる気の流れを見事に遮断した。

この手のものは使いようでは邪気を遮る緩衝材になるのだが、ダイバーシティ東京オフィスタワーは近すぎ、大きすぎ、遮りすぎのただの遮蔽物となっている。

これもまた、後出しによって運気が弱まってしまった例だ。

しかもなんと、ダイバーシティ東京オフィスタワーには、フジテレビ本社機能の一部が入っている。完全なる自爆である。自分で台無しにしてしまっては話にならないと言えるだろう。

フジテレビに勢いがあったのは、社屋が新宿区河田町《かわだちょう》にあった時代、地形で言うなら、淀橋台《よどばしだい》の際《きわ》にあたる高台に建っていた頃だ。

風通しの良い、そこそこの高台は風水的には悪くない。

しかし、関東平野では、高低差はあっても数十メートル。その「高さ」をつくり出すのは周囲を囲む「谷地《やち》」となる。

旧本社の脇を通る「あけぼのばし通り」、かつては「フジテレビ通り」と呼ばれた道は、低湿地の谷間だったことから「ジク谷《たに》」と称されていた。戦前までは、近くに伝馬町牢屋敷《てんまちょうろうやしき》をルーツとする市谷刑務所も建っていて、お世辞にも良いとは言えない土地だ。

ならば、そこよりは、お台場のほうが吉ではないかと思われようが、実は大衆を相手にする、いわゆる客商売のいくつかは、陰気の強い土地のほうが吉なのだ。

陰気が強いからこそ、陽気を呼ぶ。また「情」は水の気に属し、かつ陰気を欲するために、水商売や芸能は低湿地や墓地の側で栄えるという。

渋谷という谷に、なぜ若者が集うのかを考えるとわかりやすいだろう。自ら強い陽気を身に纏《まと》う若者や、「情」を好む大衆はむしろ澄みきった陽気を嫌うのだ。

フジテレビの場合、旧本社自体も後出しによる運気の低下があったが、これらを考えると移転は少しもったいなかったと思う。

ちなみに、仕事としてのテレビ局務めは「火」の性《しょう》になる。だが、感情を喚起するドラマや娯楽を提供するのが主ならば、やはり陰気は必要だ。

陽気が強い、龍穴《りゅうけつ》に近いというだけが、風水的な吉ではない。

一般家庭の安寧《あんねい》を図るのと、明確な目的を持った事業は違う。

殊《こと》に大きな建築物は、役割によって土地や建物の吉凶を判断しなくてはならない。

そして、どんな吉祥地でも、後出しにはとことん弱い。

そのことを覚えておいていただきたい。

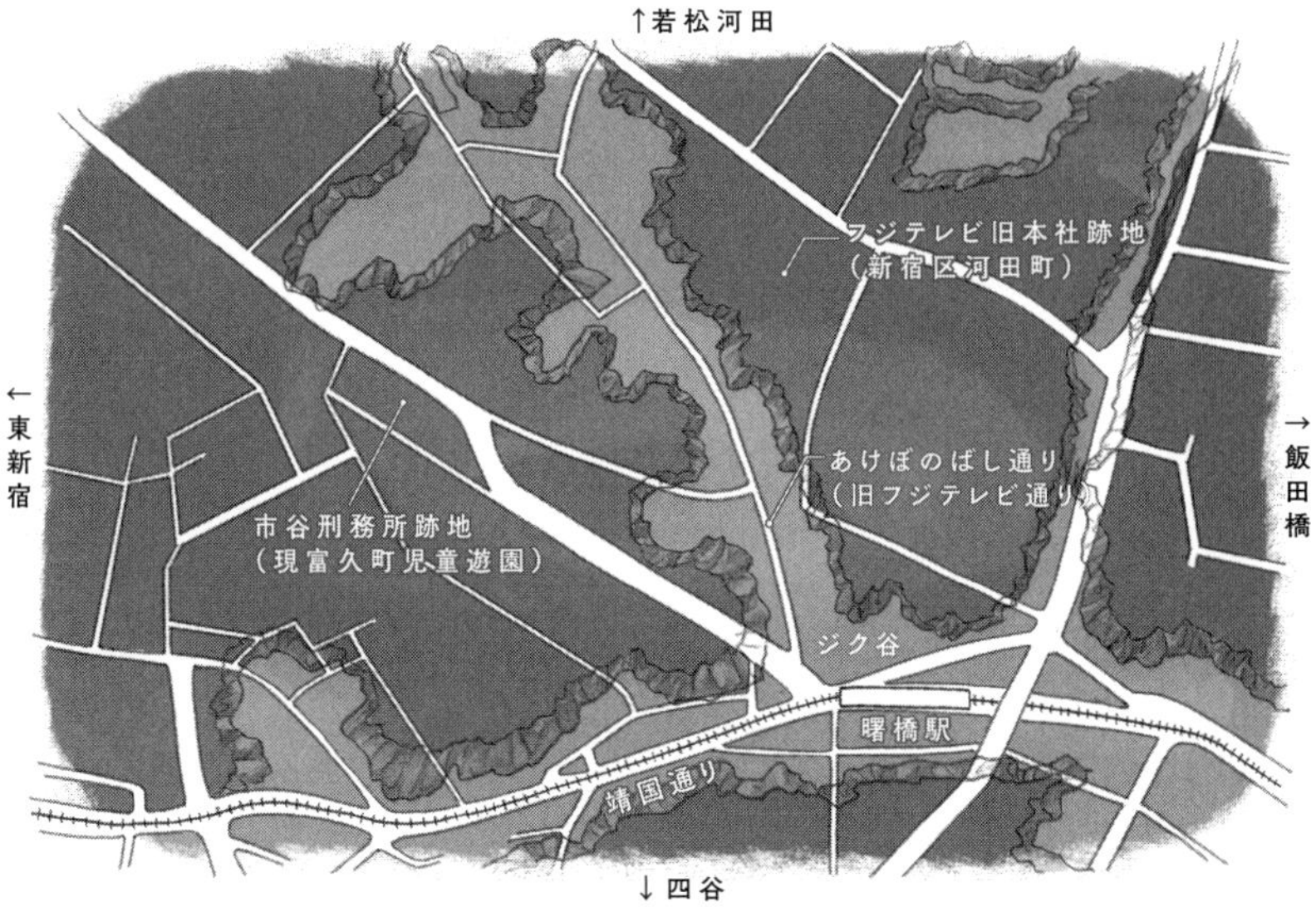

フジテレビ旧本社周辺の地形図
この辺りには、かつて紅葉川《もみじがわ》［※］という河川があった。フジテレビ旧本社ビルのあった「あけぼのばし通り」（旧フジテレビ通り）はその支流沿い（谷筋）に位置する。「湿気の多い谷間」だったことから「ジク谷」と呼ばれていたそうで、四谷や若松河田方面にも谷筋（窪地）が続いている。

※新宿区富久町付近を水源とする、靖国通り沿いを流れていた川

第七章 「気」を操る風水アイテム

今回は、多くの人が知っている風水アイテムを取り上げたい。

主に、凶意を神仏や霊獣の力で防ぐ「化煞《かさつ》風水」だ。

屋外に設置するものとして知られているのは、沖縄のシーサーと石敢當《いしがんとう》だろう。

シーサーは沖縄のイメージ映像には、必ず顔を出す魔除けの獅子だ。実際、沖縄の町を歩くと、屋根や門柱に様々

阿形《あぎょう》

吽形《うんぎょう》

な姿のシーサーを見ることができる。

　現在では、口を開けた阿形《あぎょう》と口を閉じた吽形《うんぎょう》の一対で飾られることが多いのだが、阿吽《あうん》の一対がスタンダードとなったのは、本土の狛犬《こまいぬ》の影響が大きいとされている。

　また、屋根の上にシーサーを載せる風習は、民家の屋根が瓦葺きになった明治以降に出てきたものだ。本土の鬼瓦の影響があるのか、自然発生的なものかは不明だが、いずれにせよ、今我々が目にするシーサーは、案外、最近になってから成立したものとなる。

　本来、シーサーは石獅子と呼ばれて、一地域や村落などの広い範囲に及ぶ凶意を和《やわ》らげて守護するものだった。

　そのため、村境などに一頭だけで置かれる場合も多かった。

シーサー
沖縄の言葉で「獅子」の意。守るものを背にして、邪気や悪いもの、災いなどが侵入する方向に対して雌雄《しゆう》一対で設置される。一般の住宅から歴史的建造物まで、魔除けや守り神として様々な場所に置かれている。

沖縄県島尻郡八重瀬町富盛《しまじりぐんやえせちょうともり》にある石彫大獅子《いしぼりうふじし》（以下、石獅子）は、村の獅子としては最大にして最も古い獅子とされている。制作は一六八九年だ。

この石獅子は、元々はグスクと呼ばれる城塞に、火除けを目的としてつくられた。但し、この火除けは、前に紹介した「火伏《ひぶ》せ」、火事を防ぐマジナイとは役割がちょっと異なっている。

由来として伝わる話は以下だ。

――村に不審火が多かったので、久米村《くめむら》の風水見《フンシミ》に相談したところ、原因は村の南西に聳《そび》える八重瀬岳《やえせだけ》にあるとされた。

その害を除けるためには、山に向かって獅子を置くのが良いと判断されたため、村人は八重瀬岳に向けて石の獅子を設置した。以来、不審火はなくなったという。

久米村の風水見と言えば、中国から来た由緒正しき人々だ。その判断に従って、富盛の石獅子はつくられたのだ。

八重瀬岳は火山ではないのだが、沖縄の言葉で「ヒーザン」――漢字ではまさに「火山」と書く――そういう山だと見做《みな》された。

そこに対面する富盛の石獅子は、口を開けた形を取っている。

狛犬ならば阿形となるが、この獅子が開口しているのは、山から降ってくる目には見えない火の玉を食らうという意味がある。

沖縄にはここのほかにも何カ所か、見えない火を食らうための石獅子がいる。狛犬を同様のものと考えると、間違えるので注意が必要だ。

しかし、八重瀬岳はなぜ「ヒーザン」と判断されたのだろうか。

正確な理由は伝わっていない。だが、地形を見ると、ここが風水的に危険な山であるのが見て取れる。

八重瀬岳と富盛の石彫大獅子の位置を見てみよう。

すぐ気づくのは、石獅子の置かれた場所が、山並みのカーブの外側にあたっていることだ。

何度も記しているごとく、屈曲の外側に家や集落があるのは凶だ。加えて、八重瀬岳を空から見ると、カーブの中心から南西方向に緑地帯が伸びている。ここは崖になっている。

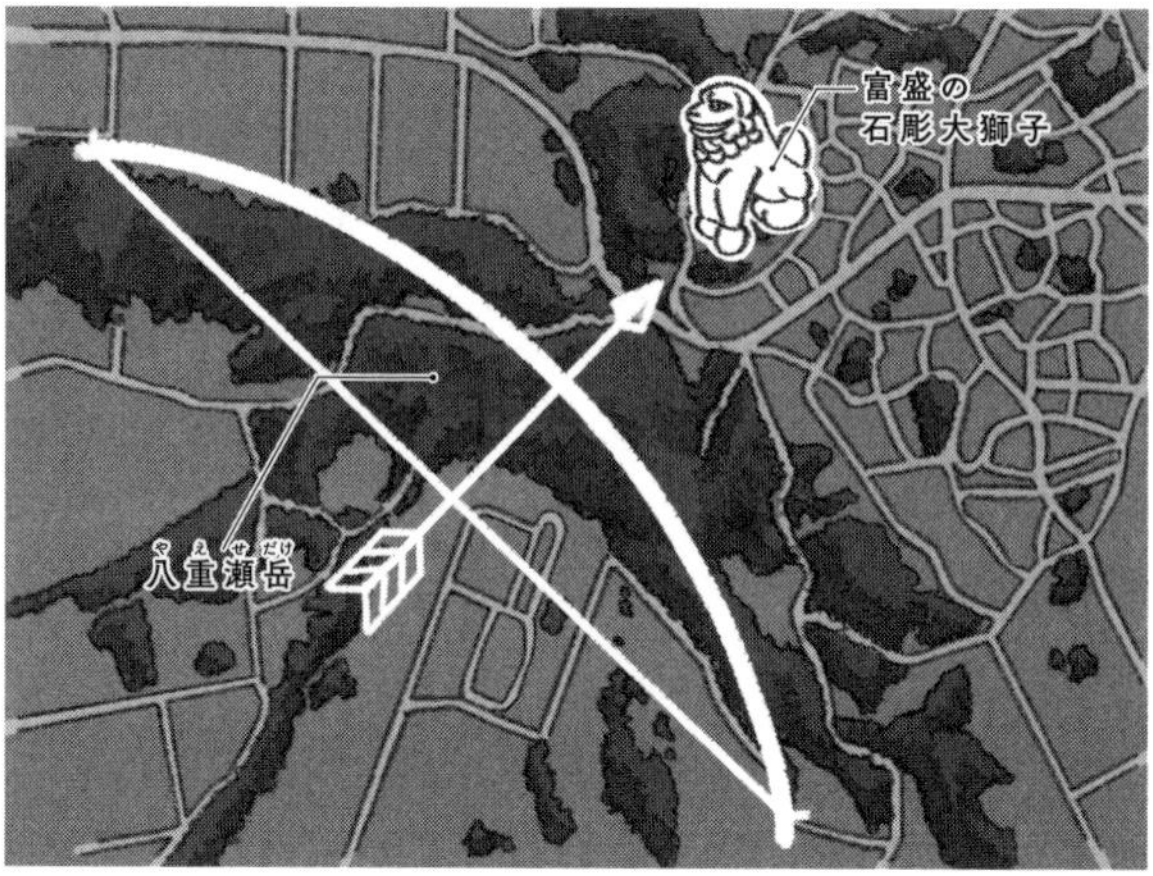

富盛《ともり》の石彫大獅子《いしぼりうふじし》
高さ142.2cm、全長175.8cm。3世紀以上にわたって八重瀬町の住民を見守る。沖縄県指定有形民俗文化財に指定されている。

そして、それによって地形全体が矢印、弓矢の形をつくっているように見えるのだ。

これは村に向かって、矢が番《つが》えられている形と言える。山から降ってきた火の玉は、火矢であったのかもしれない。

つまり、この場所はまず第一に地形に凶意があったため、風水的に善《よ》くないと判断されたと考えられるのだ。

但し、現在の八重瀬岳の形は変わっている疑いがある。

実は八重瀬岳の付近というのは、太平洋戦争のときに激戦地になった場所なのだ。「日本軍最後の防衛線」と呼ばれ、何百人もの人がここで亡くなった。そして、その後、この土地はアメリカに接収された。

沖縄の本土復帰後、接収地は陸上自衛隊八重瀬分屯地《ぶんとんち》として引き継がれたが、その歴史ゆえに、まず大量の爆撃によって山形が変わった疑いがあり、その後、米軍や自衛隊によって山が削られた疑いもあるというわけだ。

いずれにせよ、本来こういう形の山だとすれば、それはそれで良くないし、削られて弓矢の形ができたとしたら、それはそれで良くはない。ここに住むなら、守りを置かざるを得ないだろう。

石獅子はその守りの代表格だ。そしてそんな獅子の姿を頼もしいと思ったゆえに、一般の建築物にも用いられるようになっていったのだ。

集落から個人住宅の守護として用途が拡大されたアイテムは、シーサーのみに限らない。石敢當も同様だ。

沖縄の町を歩くと、塀の脇や角に「石敢當」の字を書いた石のプレートが貼られているのを見かけるはずだ。

「石敢當」は後漢時代の武将、または有名な力士の名前と伝わるが、名称の由来は定かではない。ただ、これを設置することで、外からやってくる悪い気を追い払ったり、消滅させることができると考えられている。

設置するのは、道の突き当たりや丁字路の突き当たり、また、十字路や三叉路の角に建

石敢當《いしがんとう》
沖縄に伝わるマジムン（魔物・悪霊の総称）は直進する性質を持つとされ、三叉路や丁字路にぶつかると家に入ってきてしまう。これを避けるため、「石敢當」と表示した石を道の突き当たりや家の塀の前に設置する。

つ家、そして、見る方角次第では突き当たりにあるように見える場所に建つ家だ。

石敢當はそれらの条件に該当する場所に、地面から低い位置に設ける。

風水における屈曲の重要性については、既に何度も記している。

柔らかな屈曲は、そこを通る気を和らげることで吉を呼び込む。逆に言うと、勢いを減じずに直進してくる気は殺気を帯びる。

沖縄においてのそれは「悪い気」とも「邪気」とも「悪霊」であるとも言われて、忌み嫌われる。

石敢當は江戸時代、久米村から広がった。

それ以前から、沖縄では石には邪気を撥ね返す力が具《そな》わっていると信じられ、邪気がわだかまると思われる場所には、自然石を立てて魔除けとしていた。

そこへ中国から、石に「石敢當」と刻んで辟邪《へきじゃ》するという民間習俗が伝わって、現在のようになったのだ。

ただ、現在は家のお守りのように扱われているため、右の条件とは必ずしも合致しない家屋にも設置されている。

場合によっては、右を見ても左を見ても石敢當があったりするので、邪気のピンボール状態になっているような場所も見受けられる。

想像すると可笑《おか》しいが、民間に伝わるマジナイの形や解釈が変化するのはよくあることだ。ここはむしろ、形が変わっても期待されるマジナイの力に目を向けたい。

石敢當を用いる条件が揃う家は、本土の家相でも凶宅とされている。しかしながら、沖縄以外では、定番となる魔除けの方法やマジナイは確立していない。

無論、本土の人々も、手を束《つか》ねて放置しているわけではない。

我が家の近くに、まさに丁字路の突き当たりに建つ家があるのだが、その家では突き当たりの正面に桃の木を植えていた。

桃は毎年、綺麗な花を咲かせていたが、あるとき、みるみるうちに枯れてしまった。家のご主人に理由を訊《き》くと、わからないと首を振りつつも「厄から守ってくれたんですかね」と呟かれた。

桃は厄除けとして名のある樹木だ。本土に石敢當はないけれど、期待する効果は同じであり、その根底にある家相への不安も、多分、同じなのだろう。

初めは皆、何か嫌だ、落ち着かないという感覚だ。それに名がつき、理由がついて、対処法としてのマジナイができる。

迷信と言えばそれまでだが、蔵に「水」の字をつけるのと同様、石のプレートひとつで安心が得られるのであれば、安いものだと言えるだろう。

立地に感じる凶兆と、それを除けたいと思う気持ちは、知識の有無や文化の差異を超えたものなのかもしれない。

沖縄では、同じく直進してくる悪い気を撥ね返すものに「ひんぷん」というアイテムがある。「ひんぷん」には目隠しとしての現実的機能もあるが、風水的には外からの邪気の侵入を防ぐと同時に、家の中の良い気の漏出を防ぐ。これは理想的風水モデルの「案《あん》山《ざん》」に相当する。

理想モデルでは、水は山から流れるが、外界または外海からもたらされる水や風も、屈曲して緩やかに循環させながら取り込むことが吉となる。

気を巡らせるために肝要なのは、閉め切ってしまわないことだ。大切なのは、滞らず、淀まず、適度に新しい風と水が巡る状態をつくることだ。

そのため、隙間のない壁ではなく、左右・上部の空いた衝立《ついたて》状態の「ひんぷん」が用いられる。「ひんぷん」そのものはお守りではなく、建具のひとつと見做《みな》されるので、石でも木でも構わない。

ひんぷん
沖縄の住宅の正面、門の内側に設置する目隠し壁。悪いものを撥ね返す魔除けの役割を持つ。

ただ、沖縄の風水の本には、「ひんぷん」を壊した石をほかへ流用してはいけないとある。

最初はただの石材や木材であっても、邪気除けに用いて、その役に立ったものは「辟邪」の力を持つお守りに変化するのかもしれない。

「ひんぷん」に、漢字を当てると「屏風」となる。

古い民家や旅館に行くと、しばしば表玄関正面に屏風《びょうぶ》や衝立が置かれているが、これも風水的な視点で見れば「ひんぷん」と同じ働きを持つと言えよう。

東京都庁第一本庁舎前にある四角錐《しかくすい》が並んだオブジェも、風水的に見れば「ひんぷん」となる。

何かのパワーを期待したようなピラミッド形にしたのはやり過ぎだが、実際、人も車も直進できない。邪気も入れないと見てよいだろう。

第一本庁舎全体も見てみよう。最早、説明の要もないだろう。

しかし一見、風水の理想モデルに則って見えるものの、祖山《そざん》となるビルに対して手前のスケールが小さすぎる。方位も違う。また、左右の山並みに相当する回廊は閉じ、下を道路が横切っている。これでは「ひんぷん」が力を発揮しても吉相とは言い難い。

伝統的風水を模したという話は聞かないが、いずれにせよ、上っ面をなぞっただけで終わっているのは残念だ。

官公の建物や大規模建築は、国民の運をも左右する。半端な風水に頼るより、使い勝手の良い、堅実で、無難なものが一番だ。

無難とは、文字通り「難」がないこと。紛れもなく、それもひとつの吉相なのだから。

東京都庁第一本庁舎
1988年4月着工、1990年12月竣工。設計は丹下健三・都市・建築設計研究所。地上48階建て、高さ243mの巨大なツインタワー型ビルディングである。都庁の建物は、第一本庁舎のほかに第二本庁舎、東京都議会議事堂がある。

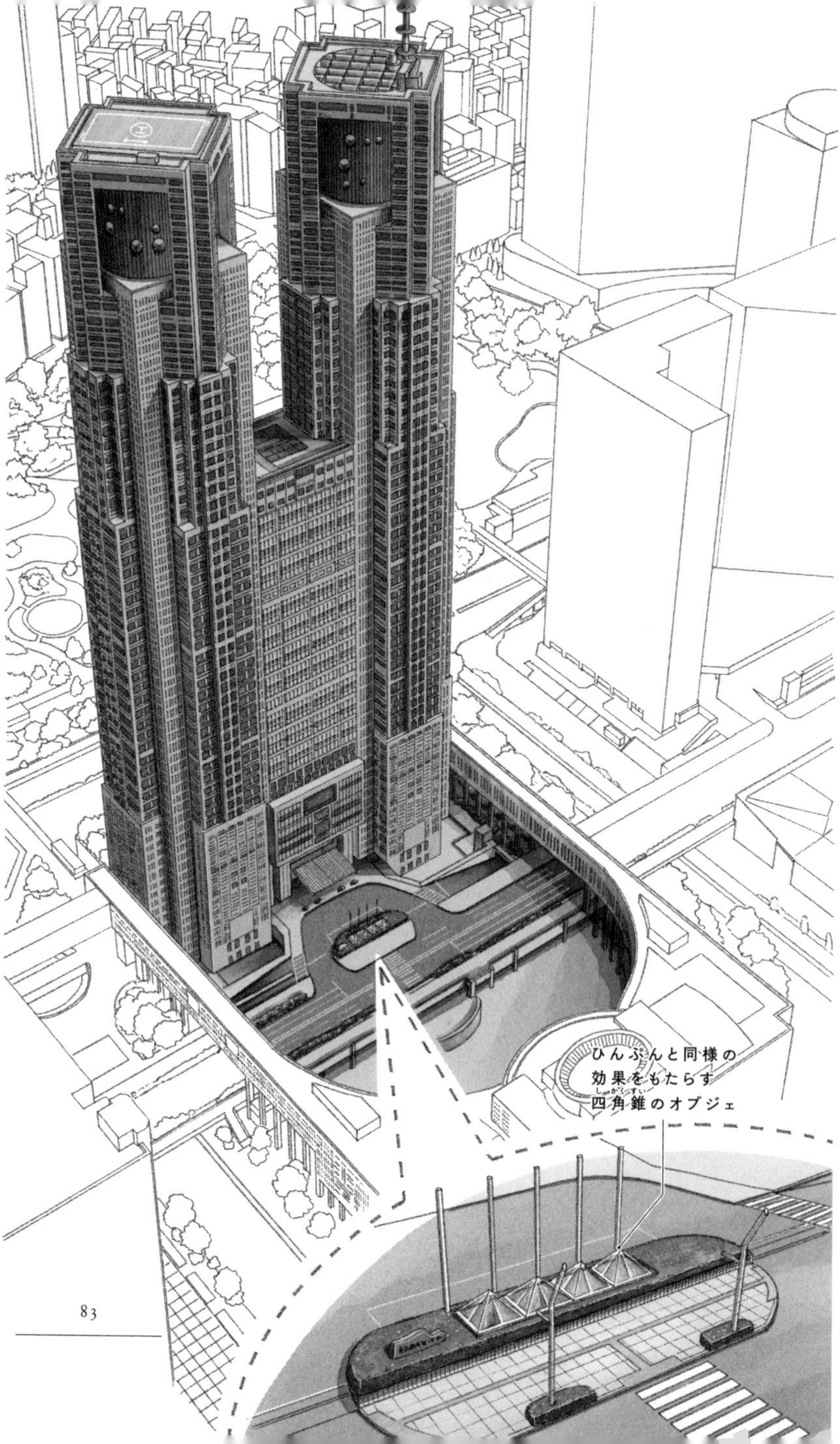
ひんぷんと同様の
効果をもたらす
四角錐《しかくすい》のオブジェ

第八章

日本人と風水①
四神相応と鬼門

四神相応《しじんそうおう》
東西南北の四方を守る「四神」（霊獣）は、古代中国で生まれ日本に伝わったとされる。奈良・明日香村のキトラ古墳など、古代遺跡の壁にも四神図が描かれている。四神が揃う土地は「四神相応」と呼ばれる理想的な土地配置とされる。

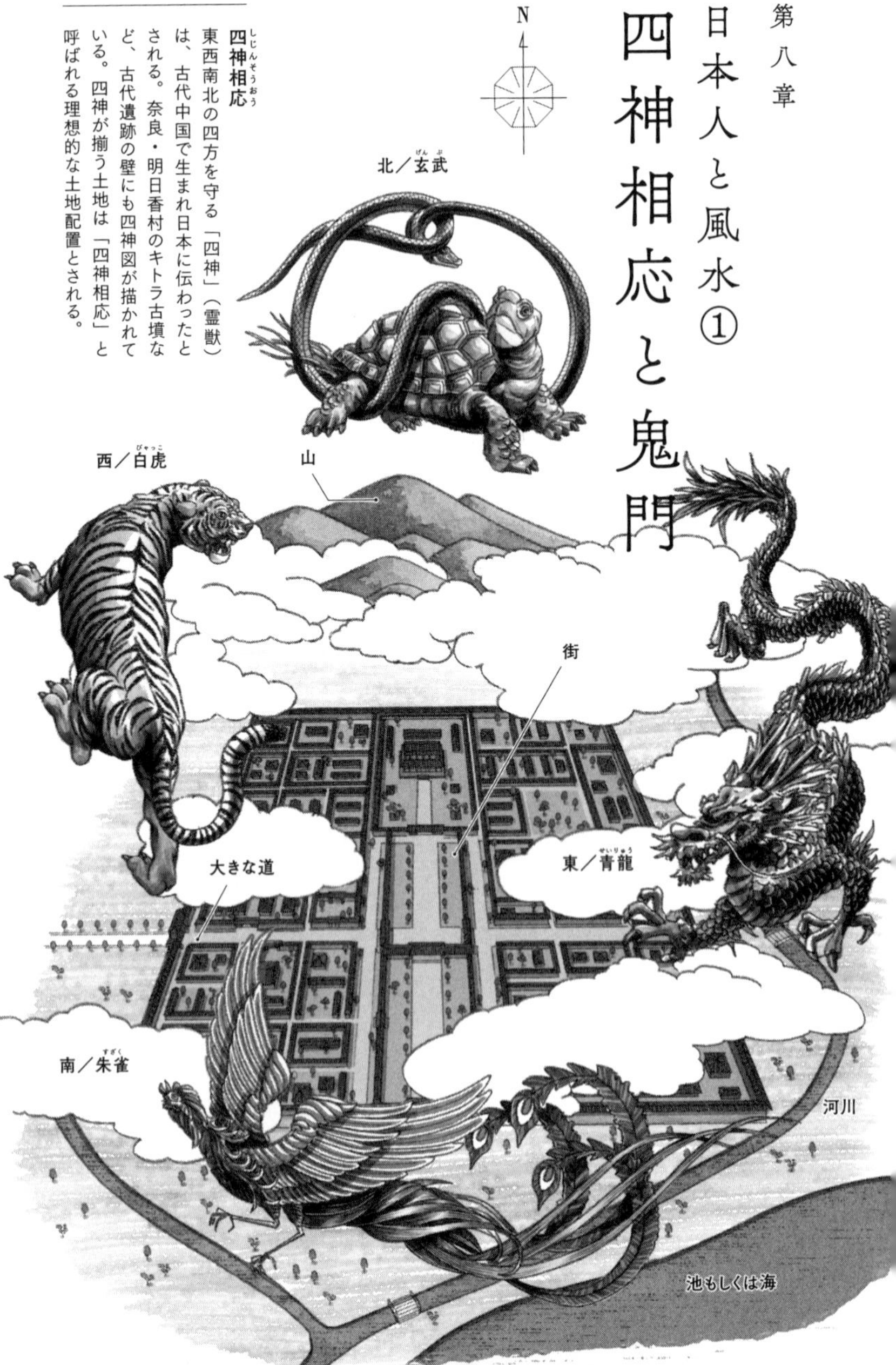

私たち日本人が風水を語るとき、一番よく口にするのは「四神相応《しじんそうおう》」という言葉だろう。言葉と意味は、朝鮮半島経由で中国から伝来したが、既に記してきたように、中国や韓国における風水は地形や類感呪術《るいかん》に重きを置いている。四神相応、殊《こと》に右に記す地形との照応に強いこだわりは感じない。

しかし、山並みと水の巡りを重視するのは同じでも、日本ではまず「四神相応」であることが、理想的な地形だとされてきた。そして日本の各都市も、四神相応をもとにして説明・解釈されてきた。

どうも、日本人は四神相応の言葉と解釈がとても性《しょう》に合ったらしい。

改めて記すなら、四神相応とは、

青龍《せいりゅう》＝東／河川
白虎《びゃっこ》＝西／道
朱雀《すざく》＝南／池・海
玄武《げんぶ》＝北／山

――これらが調った地だ。

『続日本紀《しょくにほんぎ》』和銅《わどう》元年（七〇八）、元明《げんめい》天皇の詔《みことのり》にはこう記されている。

「平城《なら》の地は、四つの動物が河図《かと》に相応《あいおう》じ、三つの山が鎮めをなしているところである」

四つの動物とは、四神を示す。

「河図」は竜馬《りゅうめ》の背に浮かび上がった図形。易の源流のひとつ「後天八卦《こうてんはっか》」として、世界が調っている状態を指す。

日本に風水や暦の知識が公的に伝わったのは、推古《すいこ》天皇十年（六〇二）だ。

その約百年後にはもう、それらの知識をもとにして、平城京の立地が理想的であることが語られている。

この詔が端緒《たんしょ》となったわけではなかろうが、以来、都は四神相応に適《かな》った土地に置かれることが前提となった。

たとえば平安京は、東の青龍が鴨川《かもがわ》、西の白虎が山陰道《さんいんどう》、南の朱雀が巨椋池《おぐらいけ》、北の玄武が船岡山《ふなおかやま》に相当するとされる。

しかし、実際の地理に照らし合わせると、船岡山は祖山《そざん》としての玄武を担うには小さすぎるし、鴨川も京の中を通っている。昭和に消失した巨椋池を措《お》くとしても、素直に頷くのは難しい。

鎌倉幕府も四神相応の土地だと『吾妻鏡《あづまかがみ》』に記されている。

最初の御所である「大倉幕府」は鶴岡八幡宮《つるがおかはちまんぐう》の東にあったが、そこを基点に東の青龍が滑川《なめりがわ》、西の白虎が北鎌倉に通じる現国道21号線、南の朱雀が由比ヶ浜《ゆいがはま》の海、北の玄武が鶴

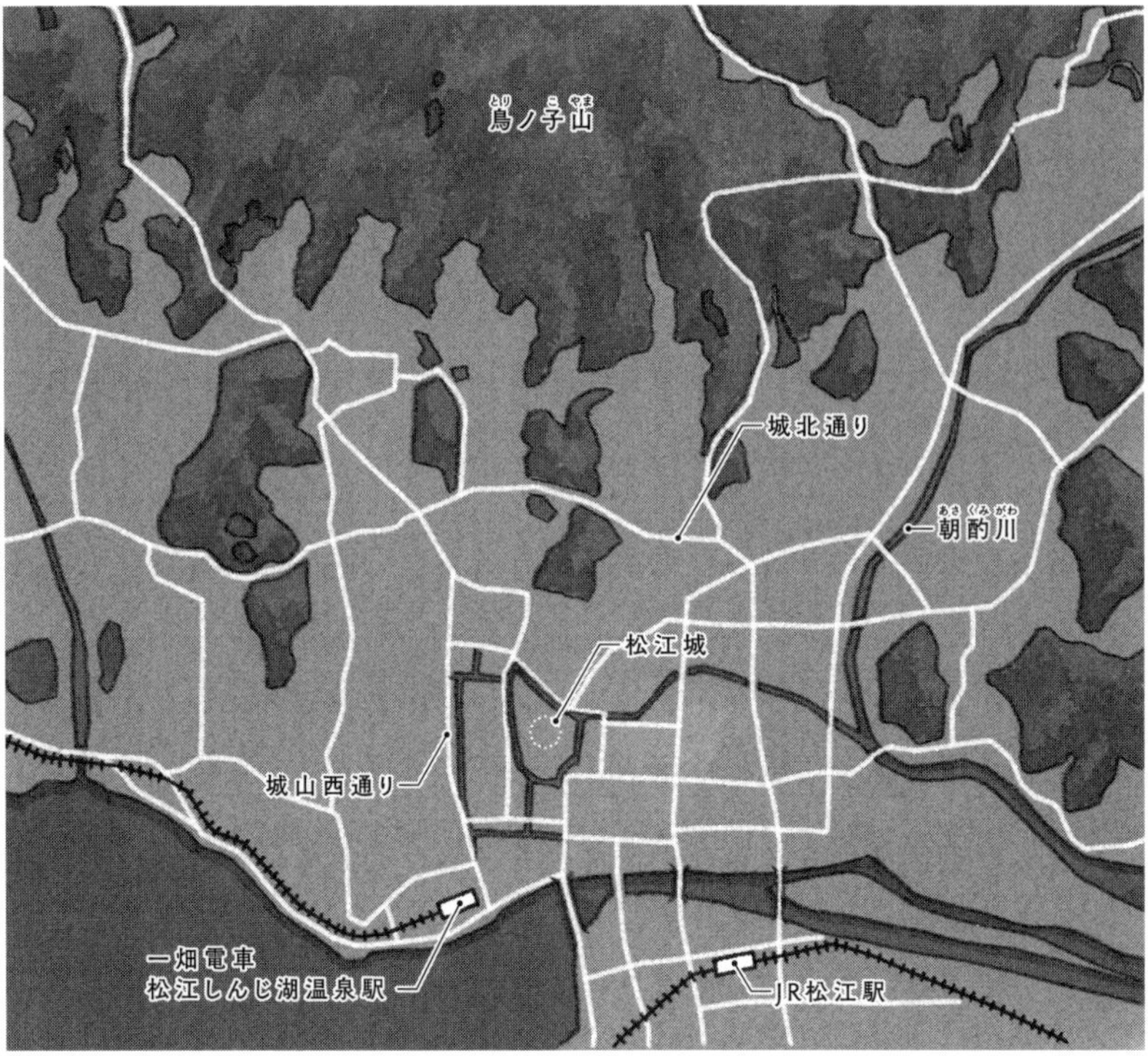

松江城周辺の地形図

宍道《しんじ》湖岸に位置し、「水の都」と称される島根県松江市のシンボル・松江城（別称・千鳥城）。標高約28mの亀田山《かめだやま》の上に建つこの城は、慶長12年（1607年）に着工し、難工事の末慶長16年（1611年）に竣工。全国に現存する12天守の中のひとつで、2015年に国宝指定を受けた。築城当時の藩主・堀尾吉晴《ほりおよしはる》は城普請の名手で、松江城と共に防衛と水運に長けた巨大な城下町を建設。現在の松江市の礎を築いた。また、吉晴は風水や呪術などにも長じていたとの説もある。

岡八幡宮裏から続く丘陵地とされている。

スケール感には欠けるものの四神は揃っているとも言えよう。が、すべてが若干、東に振れてしまっているため、方位としての四神には合致しない。

また、江戸城も、四神相応の地に建てられたとされている。

いわく、東の青龍が隅田川《すみだがわ》あるいは江戸川、西の白虎が東海道、南の朱雀が江戸湾、北の玄武が富士山だ。

江戸から見て西南西に位置する富士山をどうして玄武と見做《みな》したのか、気持ちはわかるが、頷けない。

つまり、各種文献に記されてきた「四神相応に則った日本の都」とは、ある種の幻想、希望であり、文学的な修辞だった可能性が考えられる。実際とは合致しないのだ。

しかしながら、上記三つの都はすべて、立地に陰陽師《おんみょうじ》などの意見が採《と》り入れられている。

ゆえに、でたらめでも、適当なわけでもない。

以前、平安京は風水の理想モデルに則っていると記したが、鎌倉や江戸も同様で、別の視点からは風水的に合格点が出せる。

だが、今は四神相応に話を絞ろう。

東西南北の河川・大道・池・山をほぼ完璧に具《そな》えている場所もあるのだ。

島根県の松江城だ。

慶長十六年（一六一一）に完成した松江城は、お手本のような四神相応の地に建っている。東の青龍に朝酌川《あさくみがわ》、西の白虎に城山西通りから城北通り、南の朱雀は宍道湖《しんじこ》、北の玄武は鳥《とり》ノ子山《こやま》を含む山脈。それぞれ明快だ。

但し城山西通りは、近年、道が整備され、変わっている可能性がある。しかし、いずれにせよ、城を中心に綺麗に四神を調えている。

また、松江城は四面がほぼ正確に東西南北を向いているため、天守からは四頭の神獣それぞれの姿が見渡せる。歴代藩主も天守閣から城下を見下ろし、この地は四神相応に適っていると悦に入ったのではなかろうか。

ちなみに松江城の堀の形自体も、風水の理想モデルに適って美しいので、現地に行かれた方は是非、その妙味を味わっていただきたい。

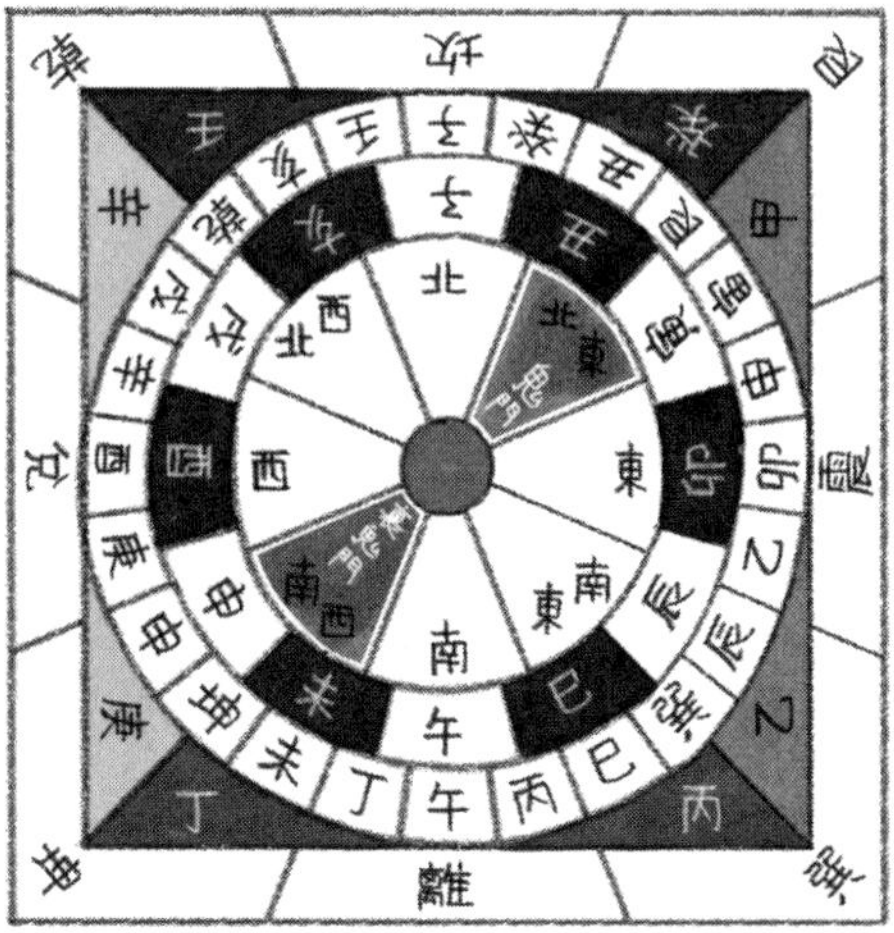

二十四山図《にじゅうしざんず》
12種の「十二支《し》」、8つの干《かん》（「十干《じっかん》」から戊《ぼ》、己《き》を除いたもの）、4つの卦《け》（「八卦《はっけ》」のうちの巽《そん》、坤《こん》、乾《けん》、艮《ごん》）からなる24の要素で全方位（360度）を分割した方位を総称して「二十四山」と呼び、風水でもこれを用いる。

もうひとつ、日本の風水に大きな影響を与えたのが北東――「鬼門《きもん》」への強い警戒感だ。方位の吉凶は干支《えと》をはじめ、陰陽五行《いんようごぎょう》をもとにした占いすべてで重要視される。その中、地相と家相における鬼門は「凶」の代表格だ。

個人宅の家相についてはのちに改めて語るので、今回は都市に話を限ろう。

鬼門に相当する北東の方位を十二支に配すると「丑寅《うしとら》／艮《ごん》」となる。

昔話の鬼が牛の角を持ち、虎皮の褌《ふんどし》を着けているのは、この丑寅と関係している。

鬼門については、中国古代の地理書『山海経《せんがいきょう》』に「東海の中に度朔山《どさくさん》がある。頂《いただき》に大きな桃の木があり、三千里にもわたって蟠屈《ばんきょく》しており、その枝の間の東北を鬼門といい、多くの鬼の出入り口となっている」とあり、これが初出とされている。

しかし現存する『山海経』の中にこの記述はなく、後漢時代に王充《おうじゅう》が記した『論衡《ろんこう》』の「六十五篇　訂鬼篇」に「山海経に書いてあったのだが……」という形で紹介されているだけだ。

ゆえに元々の論拠は曖昧なのだが、以来、二千年以上「鬼門」＝「鬼の居場所」との認識は維持され続けてきた。

この解釈が、二千年間採《と》られ続けたのは『山海経』の影響のみならず、この説を皆が妥当だと考えたからにほかならない。

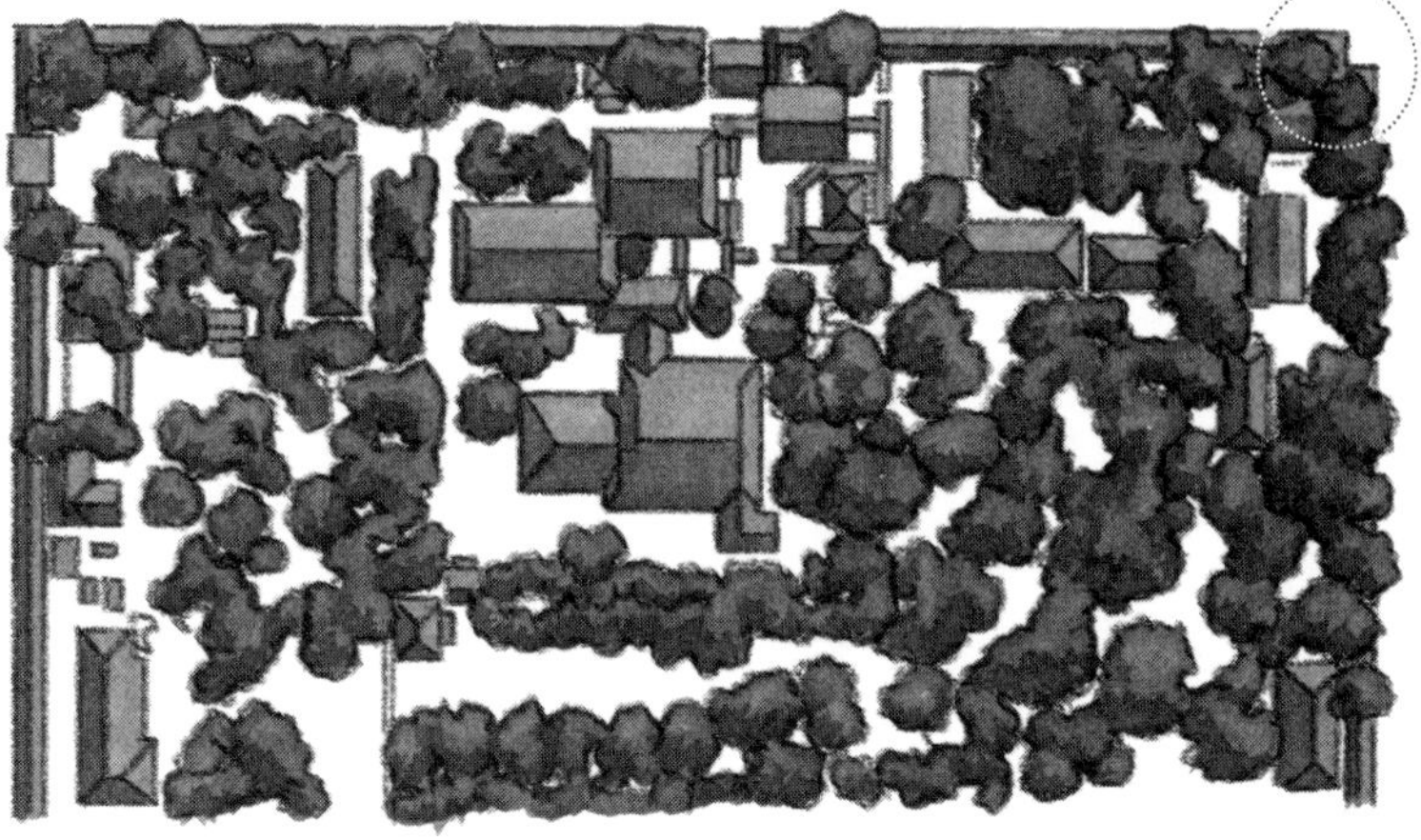

京都御所北側平面図
右上の欠けた箇所が猿ヶ辻（92～93頁参照）。

陰陽で解釈するならば、東北は冬の陰気から春の陽気への移行点となる。

生・滅ふたつの気の中心にあたるため、「丑寅」は鋭く、凶意も強いとされている。その方角が警戒されるのは、しごく妥当なものだと言えよう。

四神相応同様、この鬼門への忌避感もなぜか日本が突出しており、都の立地や構造に大きな影響を与えてきた。

有名なところでは、京都では比叡山延暦寺《ひえいざんえんりゃくじ》、江戸では東叡山寛永寺《とうえいざんかんえいじ》が鬼門除けとして創建されている。鎌倉幕府について記した『吾妻鏡』でも、幕府の鬼門を鎮護するために、寺院を建てたといった記述がある。

ただ、当時は、御所や城といった構造物の設計に、鬼門への配慮は見出《みいだ》されない。

現在の京都御所には、猿ヶ《さるが》

辻《つじ》と呼ばれる場所がある。

ここは鬼門にあたる塀の出角を一八〇度反転させて引っ込ませ、鬼門除けとしている。「角欠け《すみか》」「隅欠け《すみか》」と記されるが、こういった工夫は南北朝期までの内裏では行われていないという。

江戸では徳川家康公の頃、外堀に架かる橋のひとつが鬼門にあたると言われたため、ここを「筋違橋門《すじかいばしもん》」と名付けて、鬼門とは呼ばなかったとのエピソードがある（現在の万世橋《まんせいばし》）。

また、二代将軍秀忠公が御殿を建てる際、北東の隅を欠くかと問われ、「天下は一家であり、我が家の鬼門は蝦夷地《えぞち》であり、その他は禁忌の及ぶ場所ではない」と笑ったといった話も残る。

つまり鬼門は都市単位で考えるべき方位であり、各建物や民家が気にするものではなかったのだ。そして、為政者は都市の外縁に鬼門除けの社寺を設けることで、内側全体を守れると考えていた。

ゆえに京都御所の猿ヶ辻は、当時としては珍しい鬼門除けだったに違いない。

京都御所は土御門東洞院殿《つちみかどひがしのとういんどの》を原形とし、明治天皇の東京奠都《てんと》に至るまで内裏として使用されてきた。

数度の再建を経て現在に至るが、慶長十八年（一六一三）に建て替えが行われたとき、既に猿ヶ辻は存在していたという。
　この塀の上部には、烏帽子を着けて御《ご》幣《へい》を持った猿の木像が置かれている。

京都御所の鬼門除け
「猿ヶ辻」
「猿ヶ辻」とは、京都御所を囲む外塀の、北東角部分を指す総称。

京都御所北東部の外塀
鬼門にあたるこの場所では、端正な築地塀《ついじべい》の出角を欠き、屋根裏部分に木彫りの猿を祀《まつ》っている。

猿のイメージ図
金網が張られており見づらいが、屋根裏を覗くと御幣を担《かつ》ぎ烏帽子を着けた木彫りの猿がいる。

作者は伝説的名工・左甚五郎《ひだりじんごろう》とされており、甚五郎は文禄三年（一五九四）生まれと伝わっているので、慶長の建て替えと時代も合う。

言い伝えどおりなら、猿ヶ辻は江戸時代初期には存在したと見做すことができるだろう。

ちなみに、猿の木像がある意味は、三つほど推測されている。

・鬼門は魔の来る方角なので、魔が去る（猿）ように置かれた。

・鬼門の対極となる方位は南西＝未申《ひつじさる》なので、申（猿）の力で鬼に対抗した。

・御所の北東に当たる赤山禅院《せきざんぜんいん》拝殿の屋根にある猿の像と向き合っている。

赤山禅院は平安京の鬼門除けである比叡山延暦寺の別院なので、その理屈からも向き合った猿には意味があると考えられる。

生憎《あいにく》、正解はわかっていないが、ともあれ明治になって京都御苑が開放されて、皆が猿ヶ辻を目にするようになって以降、民家にも角を引っ込ませた鬼門除けが現れてくるようになる。

伝播の経緯は、権力の移動や衰退によって、王家や貴族のものだった亀甲墓《かめこうばか》が一般に広がっていったときと同じだ。

思えば、鬼門の意味自体を庶民が知るようになったのも幕末以降——そんなに遠い昔ではない。

皆が家相を気にし始めたのも、身分による住居の規制がなくなって、家を自由に建てられるようになってののちだ。それ以前は、気にしたくとも気にできないのが庶民だった。

つまり、亀甲墓・鬼門除け・シーサー・石敢當《いしがんとう》など、今我々が手にできる風水の業《わざ》や家相のほとんどは、自由と経済発展の上に成り立っていると言えるのだ。

ゆえに一般民家における風水、殊に家相の歴史は古くない。

これらを私たちが意識して、あれこれ悩むことができるのは、封建時代を抜け出した証のひとつとも言えるだろう。

第九章

日本人と風水② 家相と建築形式

これまでずっと風水における屈曲や緩衝の意義を記し、直線的な風と水の悪しき作用も述べてきた。だが、改めて記しておくが、屈曲や楕円形《だえんけい》は土地や地形の話であって、居住空間そのものではない。ほとんどの家で選ばれるのは四角形だ。

紫禁城《しきんじょう》も寝殿造《しんでんづくり》も、理想モデルに倣いつつ、個々の建物は四角形の連続で構成されている。

技術的な問題ではない。モンゴルのゲルは円形だし、中国では客家《はっか》も円形の集合住宅を造ってきた。円形の建物建設が不可能なわけではない。しかし、全体を見渡せば、円形の住宅は少数だ。

紫禁城のようにいくつかの棟を廊下で連結する場合、また、そこに君主や主人を中心としたシンボリックなヒエラルキーを設けたい場合は、四角い建物を並べたほうが構成しやすいのは間違いない。

方位への敏感な意識も、一役買った可能性がある。

四神相応《しじんそうおう》をはじめとした東西南北とその中央への意味付けは、円形より四角形のほうがより明確になるからだ。

——そんなことを考えるものの、残念ながらこれらは推論の域を出ない。ともかく、人が暮らす家は四角いほうが良いというのが、風水ならぬ「家相」においては一般的となっている。


ここから暫くは大きな地形から離れて、家相について記していきたい。

先にも記したが、今の家相に相当する文献は、平安時代には存在しない。

但し、吉凶を気にしなかったわけではない。

邸《やしき》を移る際、彼らは暦によって吉となる日取りと方角を決め、加持祈禱《かじきとう》や呪術を行って新居の安全を祈念した。

祈禱や呪術は、新居に移る前後に行われるものだ。

移転前には僧侶による仁王経《にんのうぎょう》の転読《てんどく》があり、旧居から出るときは門前に米や酒を撒《ま》き、陰陽師《おんみょうじ》が「反閇《へんばい》」という呪術作法を遂行《すいこう》した。

「反閇」とは、貴人が外出する際などに路上で行う術で、呪文を唱えて祈念して、足で呪力ある図形を踏みしめる「禹歩《うほ》」という作法を行うものだ。

「禹歩」の由来となる禹王《うおう》については、先に記した。

これによって大地は鎮まり、厄は祓《はら》われるとされる。家移りの際の反閇は、邸に入ると

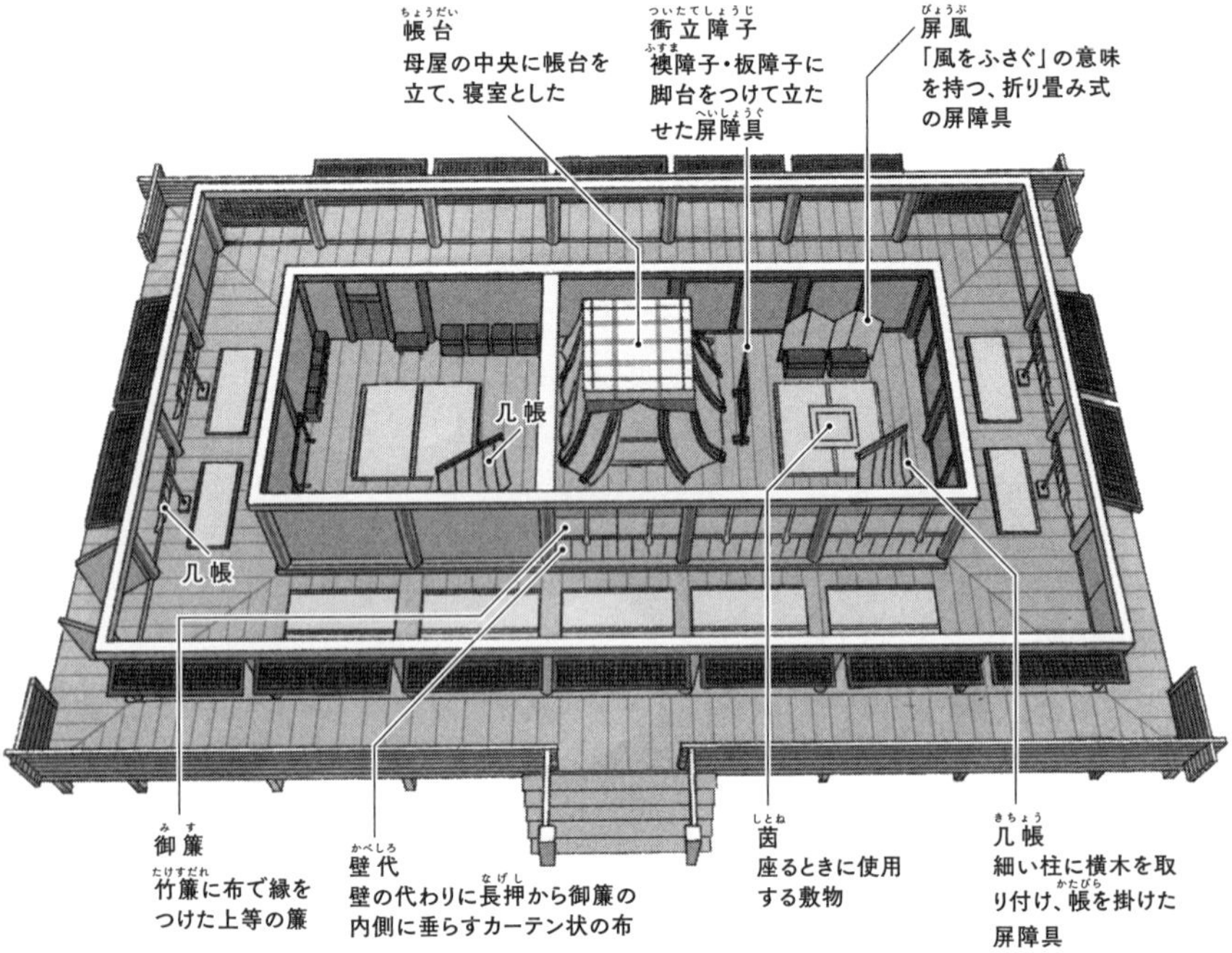
帳台《ちょうだい》
母屋の中央に帳台を立て、寝室とした
衝立障子《ついたてしょうじ》
襖《ふすま》障子・板障子に脚台をつけて立たせた屏障具《へいしょうぐ》
屏風《びょうぶ》
「風をふさぐ」の意味を持つ、折り畳み式の屏障具
几帳
几帳
御簾《みす》
竹簾《たけすだれ》に布で縁をつけた上等の簾
壁代《かべしろ》
壁の代わりに長押《なげし》から御簾の内側に垂らすカーテン状の布
茵《しとね》
座るときに使用する敷物
几帳《きちょう》
細い柱に横木を取り付け、帳《かたびら》を掛けた屏障具

きも為された。

また、新築の場合は、引っ越し前に予《あらかじ》め、梁《はり》の上などに陰陽師が記した呪符を貼り、加えて祈禱が行われたという。

現在、記録に残るのは上級貴族の例ばかりだが、それにしても家移りに神経を遣っていたことがわかる。

家相に目が行かなかったのは、寝殿造の構造に理由がある。

寝殿造の仕切りは、ほとんどが可動式の几帳《きちょう》や屏風《びょうぶ》、壁代《かべしろ》などだ。空間の大小も用途もフレキシブルであったため、機

寝殿造《しんでんづくり》の主な室礼《しつらい》

寝殿造は平安期に完成された貴族の住宅形式。内部は板張りのワンルーム空間で、「室礼」と総称される屏風や几帳などの可動式建具・家具（屏障具《へいしょうぐ》）で空間を仕切っていた。

能を限定して吉凶を語ること自体、難しかったのだ。

当然、調理をする竈《かまど》や大炊殿《おおいどの》、トイレとなる「樋殿《ひどの》」など、今の家相で重視される部屋や施設は存在した。

だが、貴族の邸宅はみなほぼ同じ形だったこともあり、そこでの優劣もあまりなかった。そのために、家相よりも祈禱や呪術にウエイトが置かれたのではないかと思う。

一方、平安時代の庶民の家は、三十三平方メートルほどの建物に、平均十人が住んでいたという。

屋根は草葺きか板葺きで、屋内はすべて土間のまま。寝るときは、そこに藁《わら》や竹の葉を敷いた。板敷の床に薦《こも》や筵《むしろ》を敷けたのは、中流以上だったと言うからすさまじい。

当時は貴族であっても、家の広さや屋根の葺き方、門の造りなどは階級によって厳しく定められていた。庶民への規制は殊《こと》に厳しく、家相を気にかける余地はなかったのだ。

ゆえに前回記したごとく、庶民が家相を気にできるようになったのは、ある程度の自由と経済的ゆとりが手に入ったのちとなる。

また、建築様式の変化によって、壁や建具が固定され、各々の役割が定まったことも、家相を語る機会の増加に繫がっていったに違いない。

現代に通じる建築様式が一通りの完成を見たのは、桃山時代から江戸時代にかけてとされている。

江戸時代には百八十点弱の家相の本が刊行され、その六割以上が江戸後期、文化〜天保にかけて世に出回った。

印刷出版が盛んになったことが理由だが、同時期には易学・暦・陰陽道・呪術関係の本も多く出版されている。昔も今も、我々はマジナイが大好きだったのだ。

家相の文献で、最も多く引用されるのは『黄帝宅経《こうていたくきょう》』だ。

『黄帝宅経』を記したのは、古代中国神話時代の統治者のひとり、黄帝《こうてい》だとされている。実際の編纂は中国戦国時代頃といった話だが、いずれにせよ『黄帝宅経』には土地の選び方、庭への言及はあっても、家相的な記述はほとんどない。

にもかかわらず、その名が家相の本に頻出するのは、ひとえに権威付けのためだ。

家相はその隆盛と共に、いくつかの流派を生み出したが、各流派の書物は同時代の他流の文献を引用、転記することを嫌ったため、それらしい権威で飾ったのだ。

日本の家相は、実際には、元朝〜明朝に成立した『営造宅経《えいぞうたくきょう》』の影響が大きいという話だが……まあ、この辺りは措《お》いておこう。

江戸時代に成立した家相説のもろもろは、現在も流布する家相の直接的なルーツとなっている。ただ、当時が今と異なるのは、家相と共に「剣相」についても言及されていることだ。

剣相はそのまま、刀の相を指す。主に刀身の焼き入れによってつけられた刃文の形状で、刀の吉凶を判じる占いだ。

その需要は当然ながら、帯刀を許されていた武家に限られる。それが家相と共に語られるということは、つまり、家相も武家の住まいを中心としたものだったということだ。

様々な情報に接することができるようになったとはいえ、長屋で起居するような庶民には、やはりまだまだ家相は無縁のものだったのだ。

また、南北に長く、気候の差が大きい日本列島の中、多様な生業《なりわい》を自宅兼仕事場で営んできた日本人にとって、一律に家相を論じるのはとても難しいことだった。

たとえば、炉《ろ》と竈だ。

東北以北は囲炉裏《いろり》の文化が発達し、竈を持たない家も多かった。気候を考えれば当然で、厳しい冬を乗り切るための暖房設備兼調理場として、囲炉裏は北で発達、定着した。

一方、南は竈文化圏だ。今でもキッチンの上などに「竈神《かまどがみ》」や「三宝荒神《さんぽうこうじん》」などのお札《ふだ》が貼られるが、竈に強い霊威を見て崇める信仰は中国大陸を起源とし、南から西に広がっていった。

沖縄では古今を通じて、火の神への畏怖が強く、竈は「ヒヌカン」の居場所として、今も大切にされている。

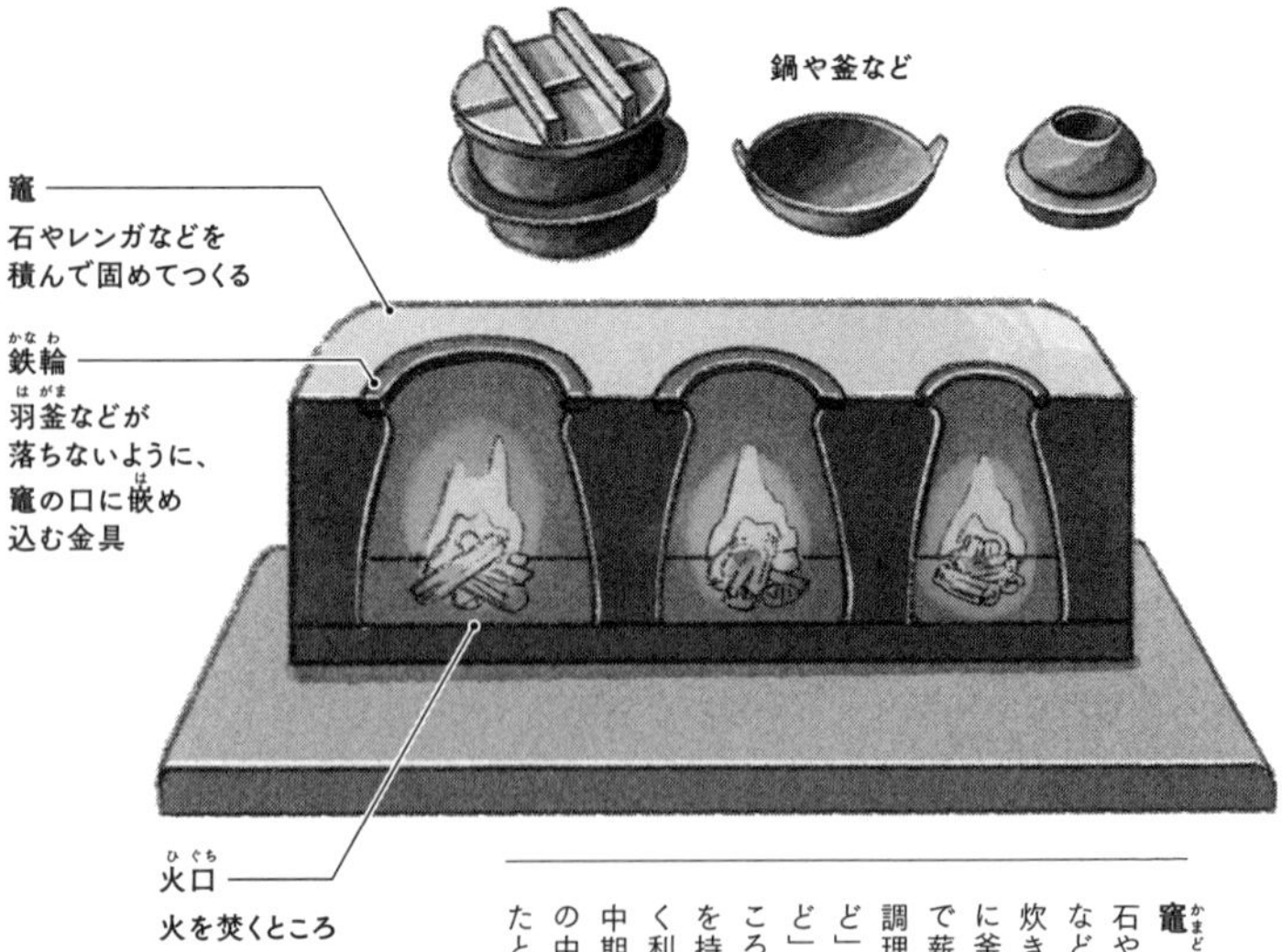

竈《かまど》
石やレンガ、コンクリートなどを積んでつくった、煮炊きするための設備。上に釜や鍋などを載せ、下で薪をくべて火を焚き、調理する。「へっつい」「くど」とも呼ばれる。「かまど」とは「釜を載せるところ（釜所《かまどころ》）」という意味を持ち、火の熱を効率よく利用できる。古墳時代中期には既に竪穴式住居の中で竈が用いられていたとされる。

炉《ろ》（囲炉裏《いろり》）
床を四角く切り、灰を敷き詰めて薪や炭で火を焚く設備。江戸時代以降、東日本で急速に普及した。一般的には居間の中央に設置され、調理だけではなく暖を採《と》るためや、夜間の明かりとしても活用された。台所では竈、居間では囲炉裏と両者を併用する地域もあった。

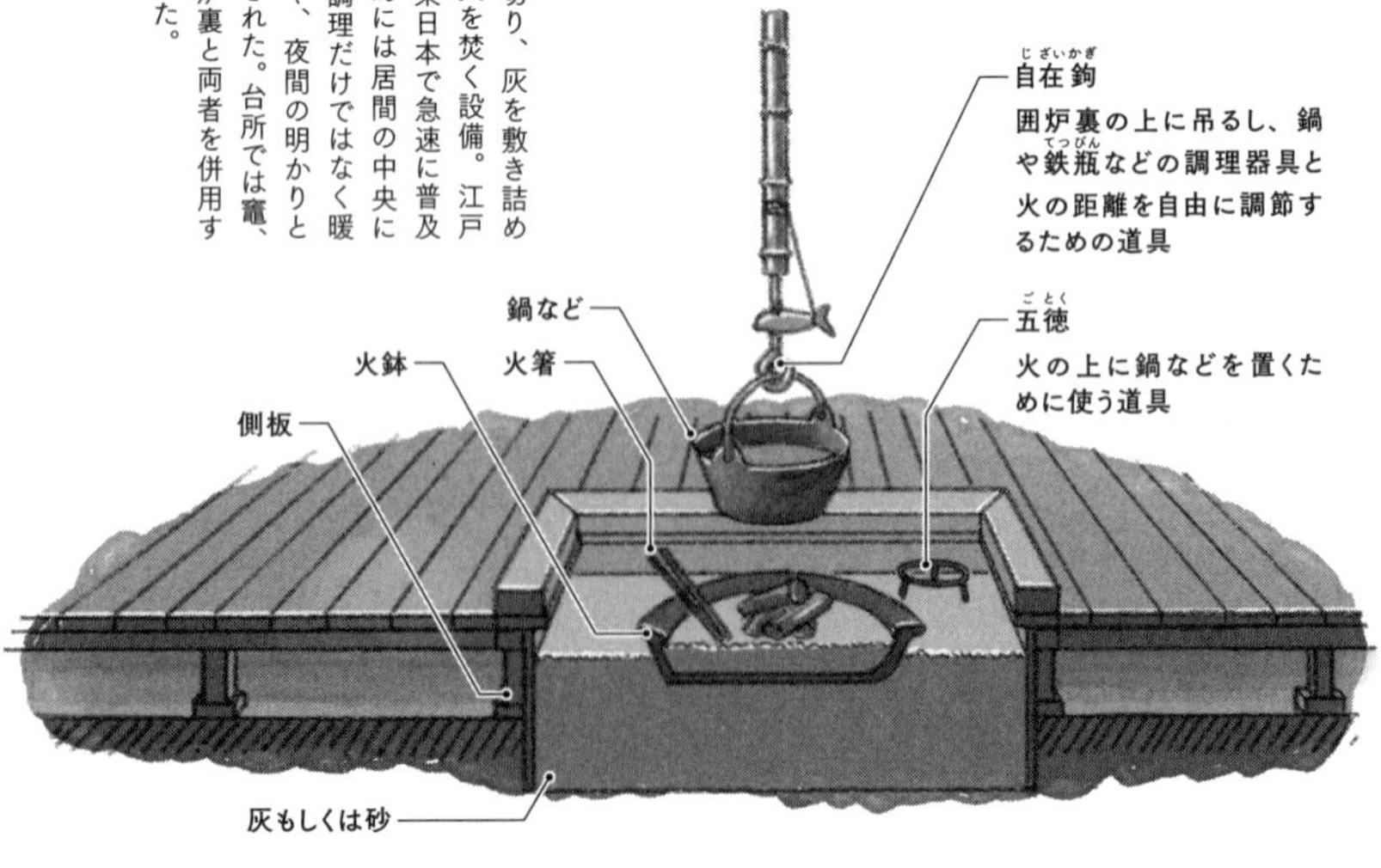

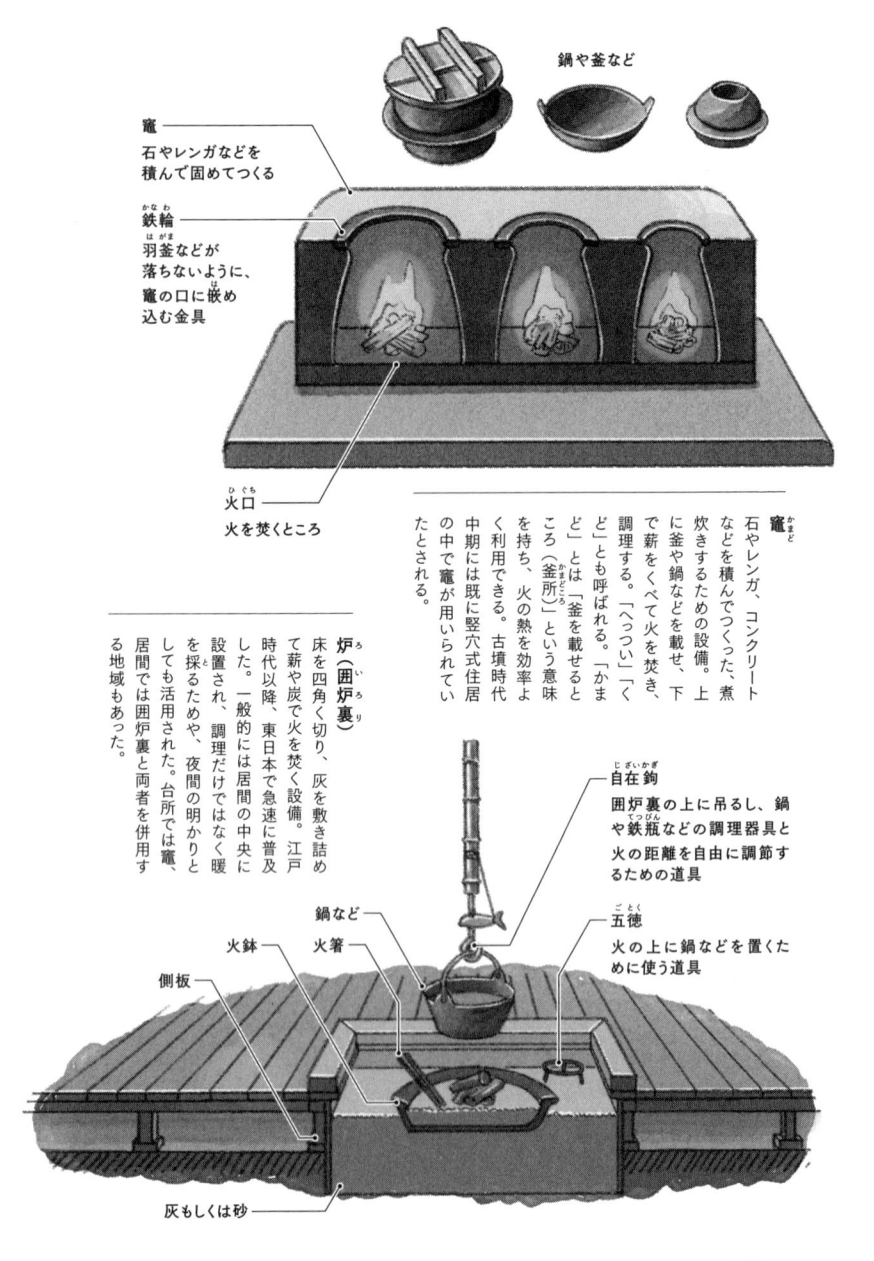

風水・家相でも竈の場所は口煩《くちうるさ》く言われるが、囲炉裏は居間にあたる主屋に設置されて動かないため、あまり家相には出てこない。

このふたつの火の扱いは、互いに南下北上して徐々に融合し、隣接して双方を備える地域や、囲炉裏の中に竈を据えるようなケースも出、近代になって次第に台所――キッチンに集約されていった。


気候風土と生業による建築デザインの差は大きい。

近年、気候変動で各地が水害に見舞われているが、昔から、川の近くや低湿地など、浸水に悩まされてきた地域はある。そういう場所に建つ民家は、堤防や排水設備のみならず、家そのものも工夫していた。

大阪平野《ひらの》の「環濠《かんごう》集落」や「段倉《だんくら》」、愛知・岐阜・三重県の「輪中《わじゅう》」と「水屋《みずや》」、信濃川《しなのがわ》下流域の「輪《わ》の内《うち》」、九州有明海《ありあけかい》沿岸の「籠《こもり》」「搦《からみ》」「開《ひらき》」など。

関東地方は利根川《とねがわ》、渡良瀬川《わたらせがわ》、印旛沼《いんばぬま》、霞ケ浦《かすみがうら》などの結合地域に「水塚《みつか》」というものを設けた。

これらは浸水に対する防衛として、小高い丘陵に集落を置いたり、自宅敷地内に築いた盛土の上に小屋を建てたりして、高床式、嵩上《かさあ》げ式の家を造るものだ。

ある程度の高台に建つ家は風水的には善《よ》いのだが、この地域では用心のため、軒下に舟

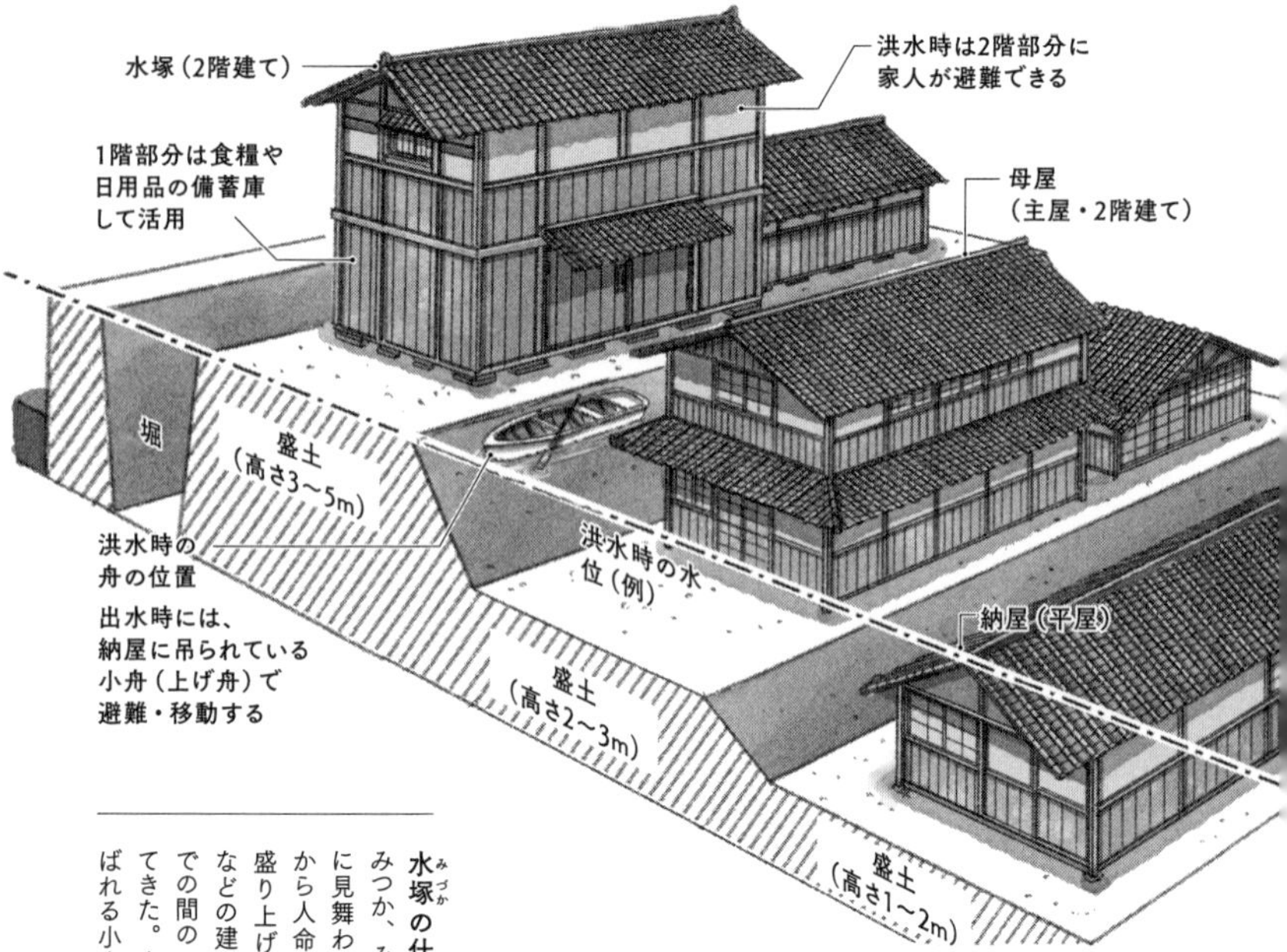

を吊っておく家もある。

火伏せのマジナイならばともかく、家屋の上部に、水中を意識させるものを置くのは家相的にはよろしくない。だが、現地の人にそんなことを言ったなら、怒鳴り飛ばされるに違いない。

ほかにもある。

養蚕の盛んな地域では、天井に蚕棚《かいこだな》があり、換気のために建てられた櫓《やぐら》（高窓）が屋根の上に載っている。この種の家の基本は入母屋《いりもや》

水塚《みづか》の仕組み

みつか、みずつか、みずづかとも言う。大きな川の側など水害に見舞われがちな地域で多く見られる水防建築の形式。洪水から人命や食糧、財産などを守るために、土地の一角を高く盛り上げた盛土や、その上に建てられた土蔵や住宅（母屋）などの建物の総称である。水塚は、食糧の備蓄や水が引くまでの間の一時的な居住場所として活用され、人々の生活を守ってきた。水位が上がった際に避難できるよう、「上げ舟」と呼ばれる小舟を納屋の軒下に吊っておく家も多かった。

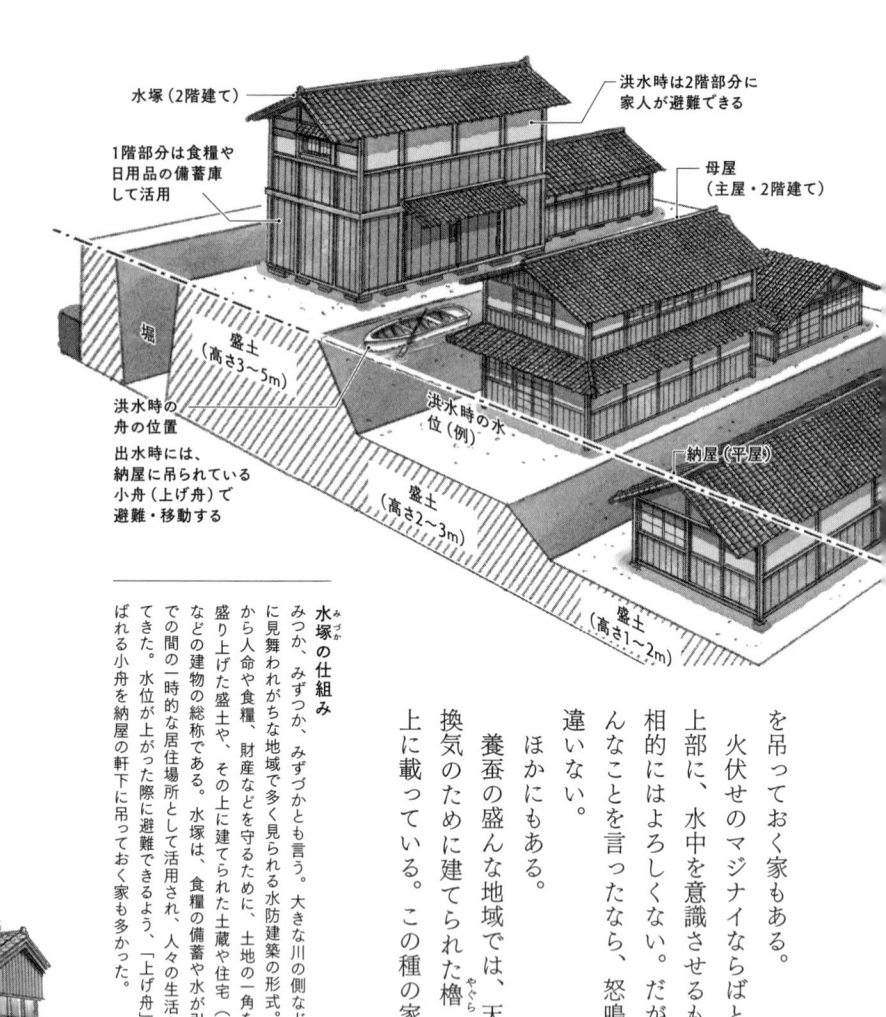

妻側の屋根を切り上げて
小屋裏に光と風を
採り入れる

兜造《かぶとづくり》

入母屋造《いりもやづくり》や寄棟造《よせむねづくり》の妻側下方を切り上げた形状の屋根。あたかも武士の兜のように見えるところからこの名がつけられた。関東から甲州付近の養蚕《ようさん》農家でよく見られる屋根形状。小屋裏で蚕を育てるために不可欠な採光・通風を効率よく確保できる。現代ではトタン屋根の兜造も多い。

舟屋《ふなや》

海辺に面して建ち並ぶ、切妻屋根・2階建ての民家。1階部分が船着き場（船置き場）、2階が居住スペースになっている独特の形状である。海に面する側の土台は石組みやコンクリートのスロープで、小型の漁船を容易に出し入れできる。京都府北部に位置する伊根町《いねちょう》の舟屋群は特に有名で、2005年に漁村集落として初めて国の重要伝統的建造物群保存地区に指定された。

造《づくり》だが、関東近辺の養蚕農家では、「兜造《かぶとづくり》」を採用した。

一方、京都府与謝郡伊根町《よさぐんいねちょう》のように、海に面した地域では、漁業と交通の便のため「舟《ふな》屋《や》」と呼ばれる独特な家が建つ。また、東北地方では、馬屋を家屋に結合させた「曲《まが》り家《や》」形式の家が流行《はや》った。


家相が悪くなるから、天井で虫を飼うな。家の下に水を通すな。一つ屋根の下で家畜と寝起きを共にするな。


これもまた口にしたならば、即座に叩き出されるだろう。

先述したごとく、家相は主に武家を相手に発展した。そのため、多様な民家の前にはまったく太刀打ちできなくなるのだ。

風水も家相も、本来は人が快適に過ごせる空間をデザイン・提供するのが目的だ。ゆえにそれらを優先することで暮らしが不便になるならば、その家相は間違っていると言ってよい。


――民家に家相は必要ない。


そう考えてもいいのだが、なぜかどんな造りの家でも、家相はきちんと機能する。

理由はふたつある。

ひとつは近代以降の民家の間取りは、不思議なほど全国単位で標準化されていることだ。家はたったふたつの部分――板張りの居住部分と土間という構成により成り立っている。

もうひとつの理由は、すべての家には方位があり、また、地面の上に建つからだ。たとえ、板張りと土間の区別がなくとも、方位と地面がある限り、主室や寝室、キッチン、玄関などの間取りや土地の善し悪し、方位の吉凶は判定できる。

ゆえに、人の住む家がある限り、家相も廃《すた》れることはないということになる。

第十章

日本人と風水③ 方位と張り欠け

家相文献には、暦との関連性、畳の間取り、中心の取り方、吉凶判断の内容にこだわるなど、様々な構成のものがある。

だが、いずれも三所《さんしょ》と三備《さんび》に重点を置いて語られる。

三所とは鬼門《きもん》（北東）と裏鬼門（南西）及び中心の三カ所のこと。

三備はトイレ、竈《かまど》、井戸の三つの設備を指す。

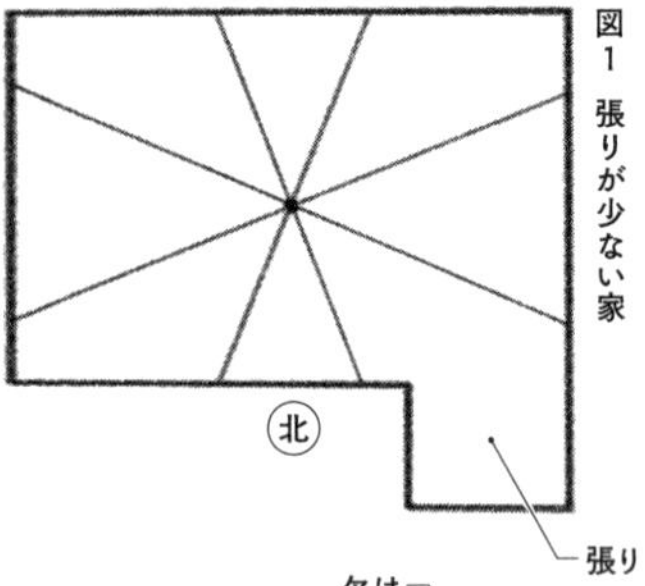

図1　張りが少ない家

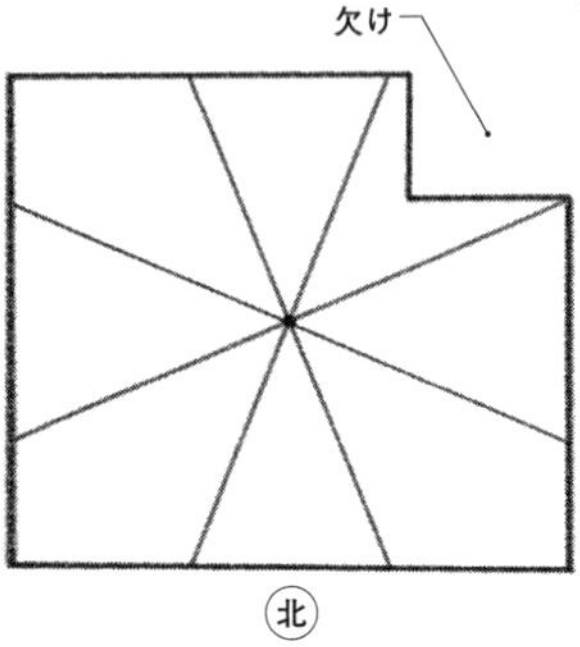

図2　欠けが少ない家

それらの吉凶を割り出すためには、場所と方位を知らねばならない。そのために重要となるのが、三所のひとつにもなっている家の中心、そして家屋の張り欠けだ。

家相で一番吉とされ、かつまた判断が容易な形は、凹凸のない長方形だ。

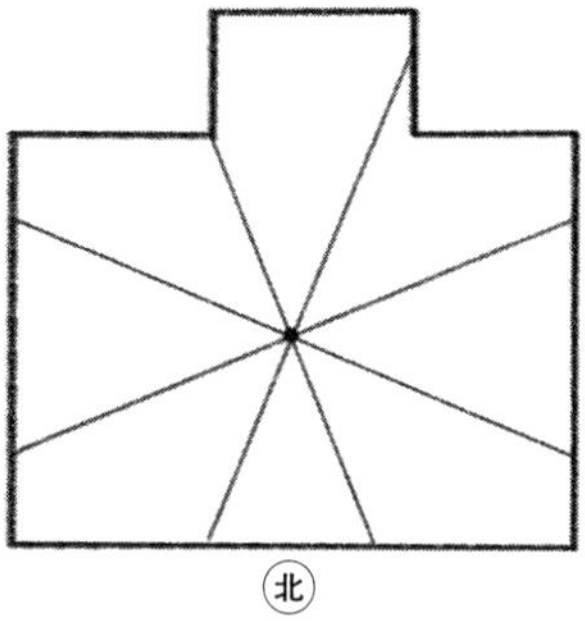

図3　張り欠けの分量を測る家①

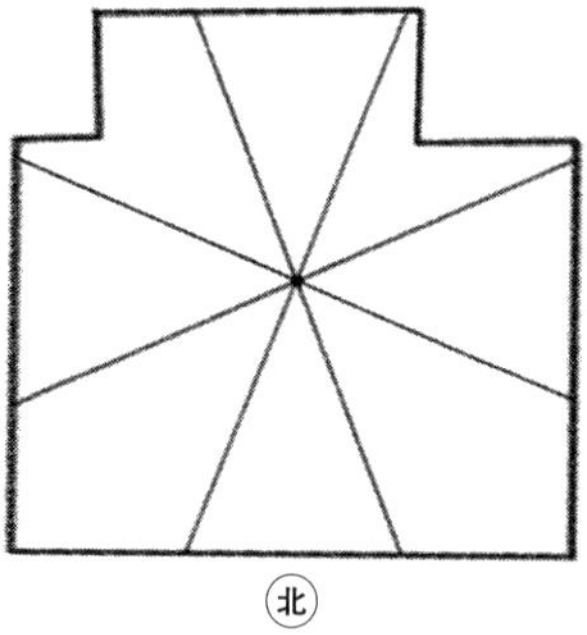

図4　張り欠けの分量を測る家②

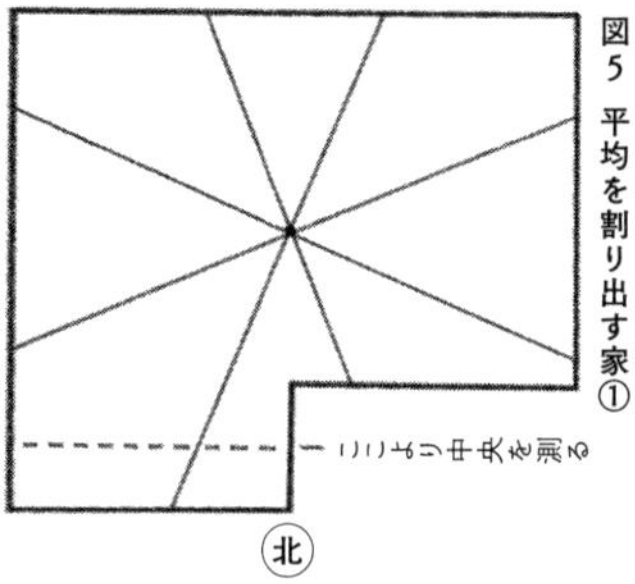

図5　平均を割り出す家①

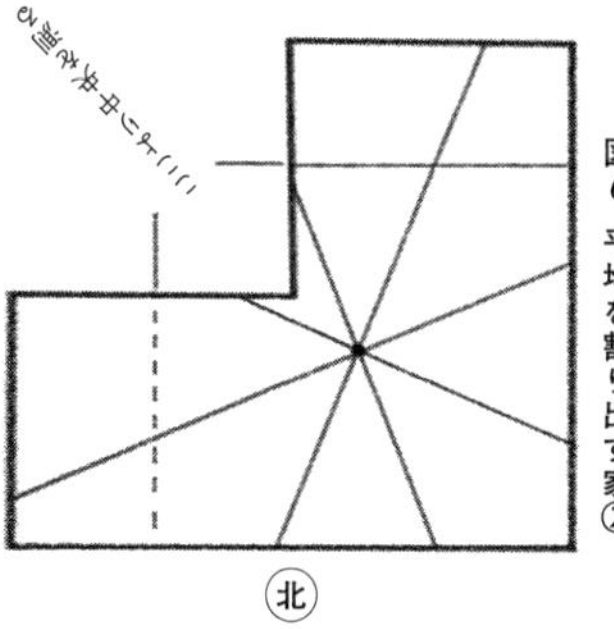

図6　平均を割り出す家②

図出典：『江戸時代の家相説』村田あが・著（1999年／雄山閣出版）

張り欠けのない素直な形をした家の場合、四隅から対角線を引き、クロスした場所を中心とする。

長方形の家は、中心が測りやすいだけではない。不用意な張り欠けのある家は禍《わざわい》をもたらすとされているため、長方形であるだけで凶となる確率が下がるのだ。

鬼門除けの角《すみ》欠《か》けが家そのものではなく、塀や敷地を引っ込ませて造られるのも、家屋そのものに欠けを造らないための工夫と見てよいだろう。

家に張りや欠けがある場合、中心を取るのは厄介だ。

張り欠けが敷地面積の三分の一以下なら存在しないものと見做《みな》すが、

それ以上なら分量を考慮し、割合によって輪郭を取り直して、長方形に直してから中心を取る。

『江戸時代の家相説』（村田あが／雄山閣出版）の例を見てみよう。


図1、2は張り欠けが少なく無視する例。

図3、4は分量（面積）を見て多いほうを優先する。

図5、6は平均を取る。点線部に「ここより中央を測る」とある。

家の中心は平面図に頼るのみではなく、大屋根の大棟の中央、大黒柱の中央、主人の居室の中央、商店では店舗の中央とするなど諸説ある。

また、平面の重心を中心にしろという説もある。

この場合は、家の敷地の形に紙を切って針を刺し、傾かずにバランスの取れるところを中心として考えるという。

厳密と言えば厳密、適当と言えば適当だ。

しかし、家相は風水以上に方位を気にかけるので、疎《おろそ》かにするわけにはいかない。正直、かなり面倒臭い。

話が前後するが、家を建てる大前提として、最初に問題となるのは土地の広さと高低だ。

家相に適《かな》った家を建てようとする場合、土地の広さは一階の面積の三倍ぐらいが適当とされる。

家相本で言及されるのは、当然、庭付き一戸建てだ。

この辺りで諦める人も出てくるだろうが、これは風水でも同じことだ。

私は以前、理想的な家を建てたいのなら、張り欠けのない百坪の土地を用意しろと言われたことがある。しかも、その土地は六対四の長方形が望ましい、と。

思わず席を立ちたくなったが、既に何度も記したとおり、風水は「王者の法」だった。

家相も同様で、資金力のあることが前提となっている。

好きな家に住める自由が手に入った時代とはいえ、風水・家相的に理想的な家に住むのは、現実的にはハードルが高い。

ゆえに個人宅については、譲れないところを念頭に塩梅《あんばい》していくほかはない。


土地を選ぶならばまず、気をつけるのは高低差だ。

個人宅は普通、平らな土台の上に建っているが、地域全体を見たときには傾斜している場合が多い。

町を歩いて坂が多いと思ったら、土地には確実な高低差がある。その場合、南から東南が低い土地は、夏は涼しく、冬は暖かく快適とされる。

家相では、この「北高南低」の地に、南を前にして家を建てるのが吉《よ》いという。

そうすれば、後ろに家があっても日陰にならず、ある程度の日当たりは確保できるというわけだ。

「北高南低」の言葉は家相における用語だが、本来の家相は迷信ではなく、科学的にも根拠のあるものだった。

建築家・清家清《せいけきよし》氏は『家相の科学―建築学が発見したその真理』（光文社）にて、古くからある家相のタブーにも合理的根拠があると記す。

鬼門（北東）と裏鬼門（南西）を中心に、要約して例を挙げよう。

○浴室を鬼門、裏鬼門につくるのは大凶

鬼門は冬に風が入ってくるので寒く、火事にもなりやすい。また、日当たりが悪いため、浴室が乾燥しにくく衛生的ではない。

裏鬼門は夏場の風の通り道となる。夏は日当たりが良く、風通しも良いので、その場所を浴室で占めてしまうのはもったいない。

○台所が裏鬼門にあるのは大凶

裏鬼門は日当たりが良いので、夏、食べ物が腐りやすい。また、江戸の夏は南方からの風が主なので、台所を風上の南西に置くと調理の煙や熱気、臭気が家中に回る。火事の危険もある。

○床の間は西と北の間につくるのが吉

普通、床の間のある側は全部が壁で開口部がない。床の間を置くのに最良の方位は乾《いぬい》（北西）とされるが、西から北西、北にかけては冬は寒風が吹き込み、夏は強い西日が入るため、ここを壁でふさぐのは防寒・防暑の役に立つ。

○逆柱《さかばしら》は凶

木は根の方向、即ち元口《もとくち》のほうが末口《すえくち》より年輪が多くて堅く、丈夫である。そのため、天地を逆にせずに使ったほうが良い。

なるほど、と思うところも多い。逆柱については、巷間《こうかん》では、家鳴《やな》りがして火事が起きると伝わっている。逆柱そのものが妖怪として扱われる話もあるが、家鳴りもまた、木の向きに関係しているのかもしれない。

昔の家相本はそれらの理屈を陰陽《いんよう》や五行《ごぎょう》で説明し、各々に吉凶を割り当てた。だが、そうすることによって科学的な説明が隠れ、民間信仰的な陰陽道《おんみょうどう》や根拠のない言説が肥大してしまったことは否めない。

迷信的な家相説では、こんなことが記されている。

○鬼門

この方角に屋敷、家宅が出張る家は、家内に病人が絶えない。また、ここに神仏を祀《まつ》れば精神を病み、身体障害を得る。不浄物は大凶。

○裏鬼門

この方位に流し、竈、井戸・浴室・便所などがあれば主人は胃腸を患《わずら》う。家内の女性は子宮の病となり、寄生虫に悩むことになる。

正直、根拠は示せない。

方位に重点を置く家相では、基本として三六〇度の方位を十五度ずつ、二十四分割する。これを「二十四山《にじゅうしざん》」と呼び、各々の方位に住まいのあれこれを当て嵌《は》めて吉凶を判断する(89頁図参照)。

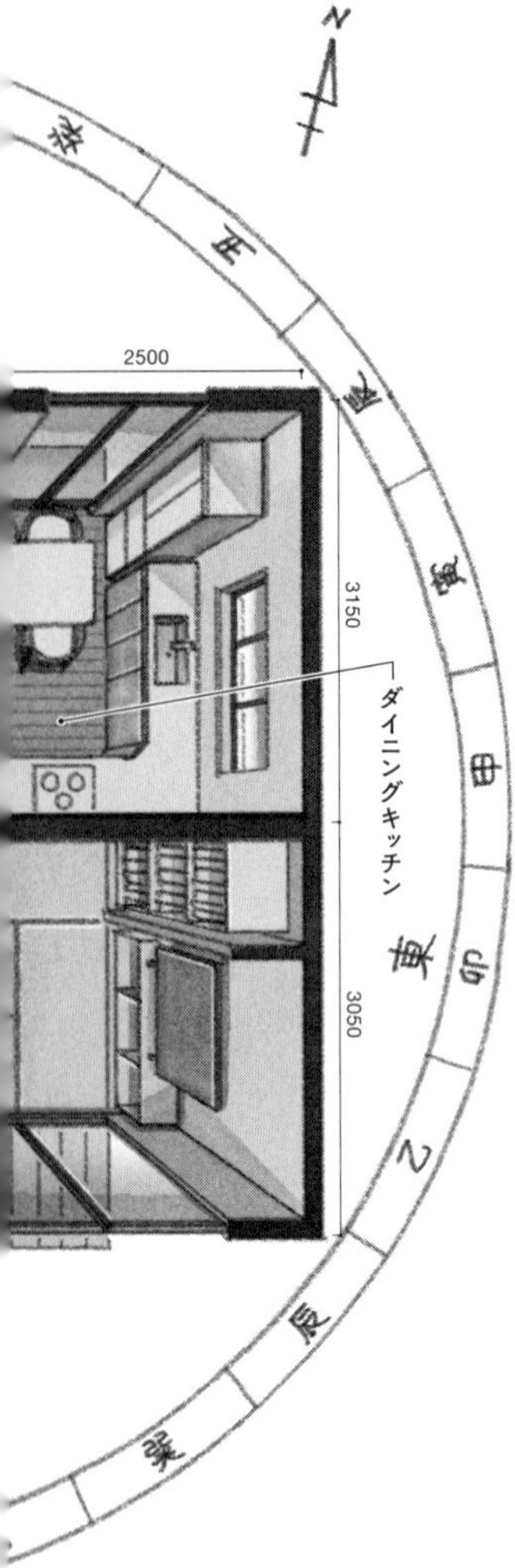

完璧な家相の家の例

敷地環境や建物の形、方角や間取りなどを総合し、家の善《よ》し悪しを判断することが家相の考え方。整形（長方形）の土地に、張り欠けのない家を建てることが基本と言える。ここでは、『家相　現代の家相とその考え方』（山片三郎著／学芸出版社）を参考に、「完璧な家相の家」を再現した。

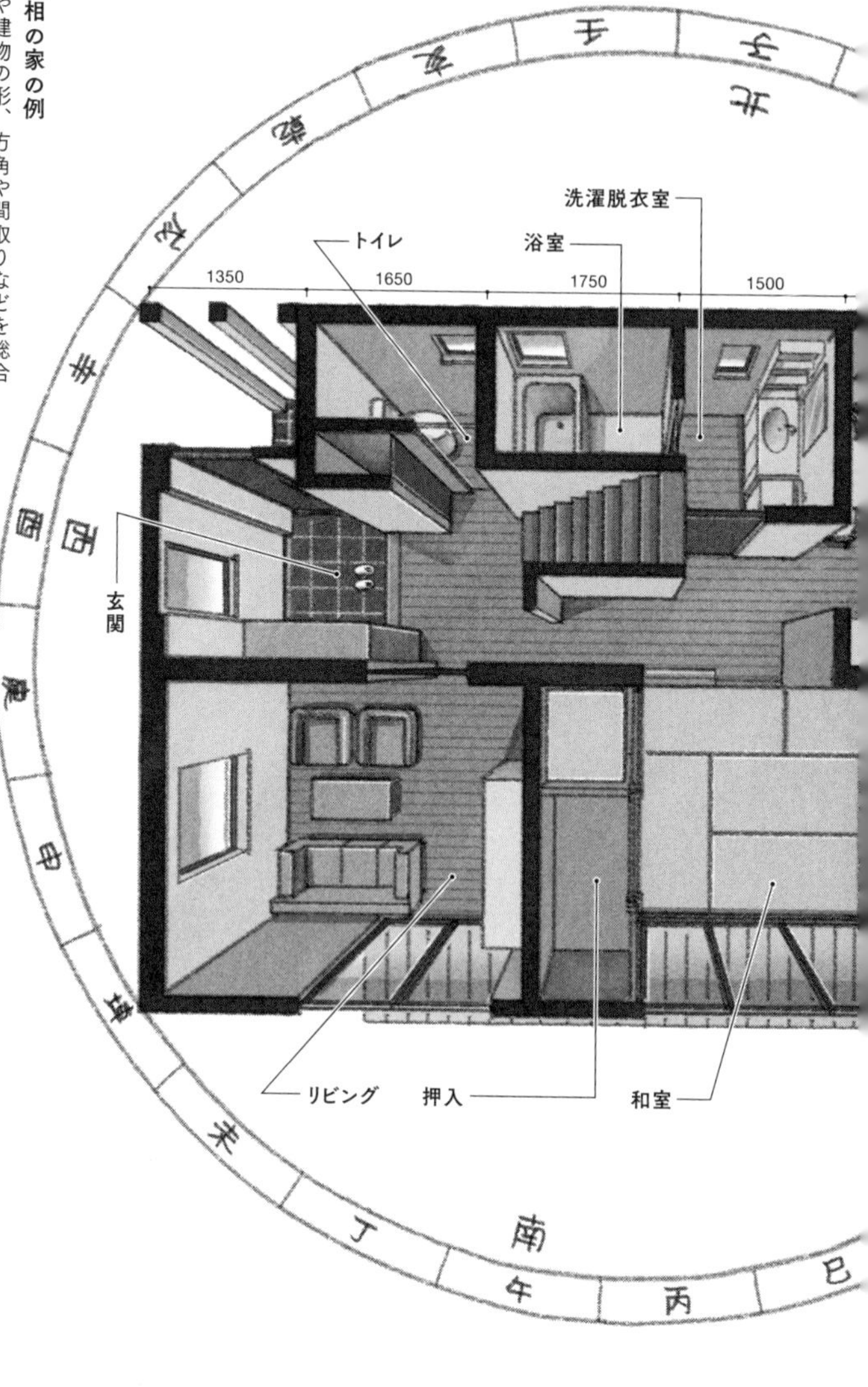

図出典：『家相　現代の家相とその考え方』山片三郎・著（１９７１年／学芸出版社）

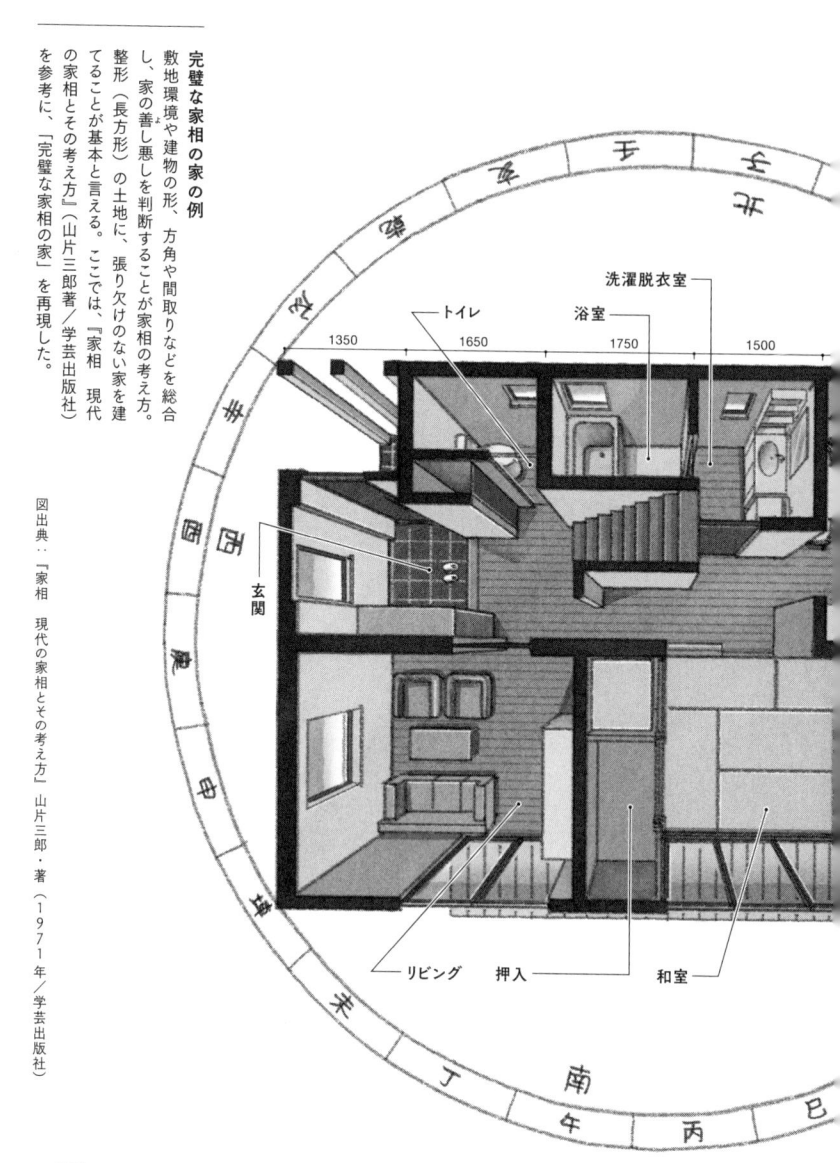

このうち、無条件で「不浄物」を置いても差し支えないとするのは「壬《みずのえ》」と「癸《みずのと》」のみ。真北から左右十五度の範囲しかない。これは辛い。

伝統的家相本は、凶方の隙間に吉方を見出《みいだ》さねばならないほど、脅迫めいた文言が多い。結局、こうした流れが家相自体の衰退を招いたのではなかろうか。

現代のように一軒家はほぼ二階建て以上、またはマンション住まいとなれば、面倒臭さも倍々になる。

これは風水も同様だ。

個人宅における本格的な風水となれば、数度ごと、数ミリごと、家人ごとの吉凶を見る。風水も範囲が狭くなればなるほど、判断も煩雑で細かくなるのだ。

いずれにせよ、とても素人の手には負えない。だからプロに任せるのが正解だとも言えようが、うんざりしてくるのは確かだ。

大体、すべての条件をクリアできる家など建つはずがない。

そう思っていたのだが……なんと、すべてを吉方位に据えた理想の家は造ることができるのだ。

『家相　現代の家相とその考え方』（山片三郎／学芸出版社）より図面を拝借し、その内容を要約しよう。

ちなみにモデルの家の面積は五四・二五平方メートル。約一六・四一坪だ。

・家が南向きは吉。
・道路から見て、間口より奥行きが深いことは裕福長久の相で吉。
・全体の形に出張りや欠けのない長方形は最上吉。
・居室が五室、食堂を合わせて六室。いずれも部屋数は吉。畳の数による隣室との吉凶は各室とも独立しているから無関係。
・一階の中心点は和室六畳の北西隅。ここを基準に東西南北を二十四方位に分けると、台所の竈の方位は甲《きのえ》で吉。
・便所の方位は乾の戌《いぬ》寄りで大吉。
・浴室の方位は亥《い》で吉。
・玄関・門の方位は戌~辛《かのと》で吉。
・門と玄関が一直線にならず直角。吉。
・鬼門・裏鬼門に不浄がなく、窓もなく壁になっている。吉。
・階下の押入れが東向き。吉。
・階段の位置が家の中心より北へ寄っている。吉。
・夫婦の寝室に箪笥《たんす》などを置かない。吉。
・床の間が西向き。吉。

・押し入れが南向き。吉。
・門の幅が一・四一～一・四五メートル。吉。

素晴らしい。

もう、すべての家はこれに倣って建てれば良いのではなかろうか。

図面を見ると、本当にこれでいいのか……と、思う部分もあるにはあるが、そこは今は目を瞑ろう。

完璧な家相の家として売り出せば、需要もあるに違いない。

第十一章

日本人と風水④ 個人宅のマジナイ

方位をもとにした家相は融通が利かないが、それ以外では色々と興味深い話がある。

特にこだわるのが木材だ。

樹木は陰《いん》と陽《よう》に分けられており、家の建材に用いるのは、基本的に陽木（ようぼく）が良いとされている。

清家清《せいけきよし》氏は、杉・松・檜《ヒノキ》などを陽木とした。

氏の言う陽木とは、造作《ぞうさく》に適した軟材を指し、これらの木はおおむね素直で質のばらつきがなく、経験的な安全性も担保されているために、建築用材として吉だという。

だが、ほかの文献を見ると、陽木の種類はもっと多い。

即ち、石楠花《シャクナゲ》・蘭《アララギ》・山梔子《サンシシ》・躑躅《ツツジ》・柳・山牛蒡《ヤマゴボウ》・梧桐《アオギリ》・槐《エンジュ》・棗《ナツメ》・楓《カエデ》・桜・合歓木《ネムノキ》・白膠木《ヌルデ》・牡丹《ボタン》・槇《マキ》・柿・楡《ニレ》・紫陽花《アジサイ》・青木《アオキ》・金《キン》（銀《ギン》）木犀《モクセイ》・松柏《ショウハク》・万年青《オモト》・皐木《サツキ》・竹・菊など。

これらは建材にはならずとも、庭木として推奨されている。

また、建材に用いず、庭木にも適さないとされた陰木《いんぼく》は以下となる。

芭蕉《バショウ》・蘇鉄《ソテツ》・木瓜《ボケ》・楠《クスノキ》・楊柳《カワヤナギ》・木槿《ムクゲ》・柘榴《ザクロ》・樅《モミ》・梨《ナシ》・百日紅《サルスベリ》・葡萄《ブドウ》・栗・槐など。

槐が陰陽どちらにもあるのは、資料に異説があるためだ。

いずれが正しいかはわからない。

陰陽の基準も不明な部分が多いのだが、とりあえず、そう書いてある、とだけ言っておこう。

松は陰陽を超えた存在で、神が降りる依《よ》り代《しろ》とされる。

伝統的な日本家屋の門の上に、覆い被さるような松の枝が伸びているのを見たことがある人もいるだろう。これは「門担《もんかつ》ぎの松」と言い、お正月の門松と同じ意味を持ち、神様の守護を得るためのものだ。

また、鬼門や裏鬼門に柊《ヒイラギ》などの尖った葉を持つ植物や、南天を植えることも推奨されている。

尖った葉やトゲを持つ植物は鬼を撃退するとされ、節分でも柊は鰯《いわし》の頭と共に飾られる。

また、南天は「難を転じる」に通じ、縁起の吉《よ》い木だと言われている。

こういう判物的《はんじものてき》なマジナイこそ、日本の得意とするところ、真骨頂なのかもしれない。

理想である四神相応《しじんそうおう》も、現実に無理となった途端、代替品で良しとする。

即ち、

東に流水がなければ、柳九本を植えて青龍《せいりゅう》の代わりとする。

植物の陰陽《いんよう》

風水では樹木や植物にも陰陽があるとされており、庭木や建材を選ぶ際にもこの点が考慮される。

万年青《オモト》（陽木）

日本原産の多年草。年間を通じて青々とした葉を保つため、縁起の吉《よ》い植物として知られる。

槐《エンジュ》（陽木・陰木）

強く粘りのある性質なので、床柱や彫刻材として重宝されている。「延寿」の字を当て、病魔を祓《はら》う木としても長く親しまれてきた。陽木・陰木どちらの説もある。

木瓜《ボケ》（陰木）

春に美しい花をつけるバラ科の落葉低木樹。日本では古くから盆栽としても親しまれてきた。

石楠花《シャクナゲ》（陽木）
春に華やかな花を咲かせることから「花木の女王」とも呼ばれる。

山梔子《サンシシ》（陽木）
漢方薬の材料としても知られる常緑低木樹。別名クチナシ。

柘榴《ザクロ》（陰木）
初夏に赤やオレンジの華やかな花を咲かせ、秋に鮮やかな紅色の粒が詰まった実をつける落葉高木樹。
鬼子母神が手に持つ「吉祥果《きちじょうか》」としても知られる。

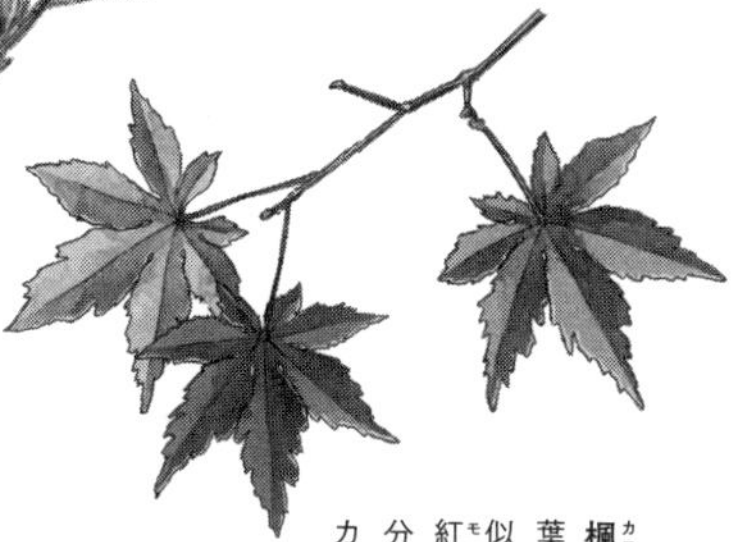

楓《カエデ》（陽木）
葉の形が「カエルの手」に似ていることから名付けられた。
紅葉《モミジ》との違いは切れ込みの浅深にあり、分類上はどちらもムクロジ科カエデ属の落葉高木樹。

芭蕉《バショウ》（陰木）
高さ4〜5ｍにもなる大型の多年草。
中国原産で、バナナの仲間だが果実は食べられない。

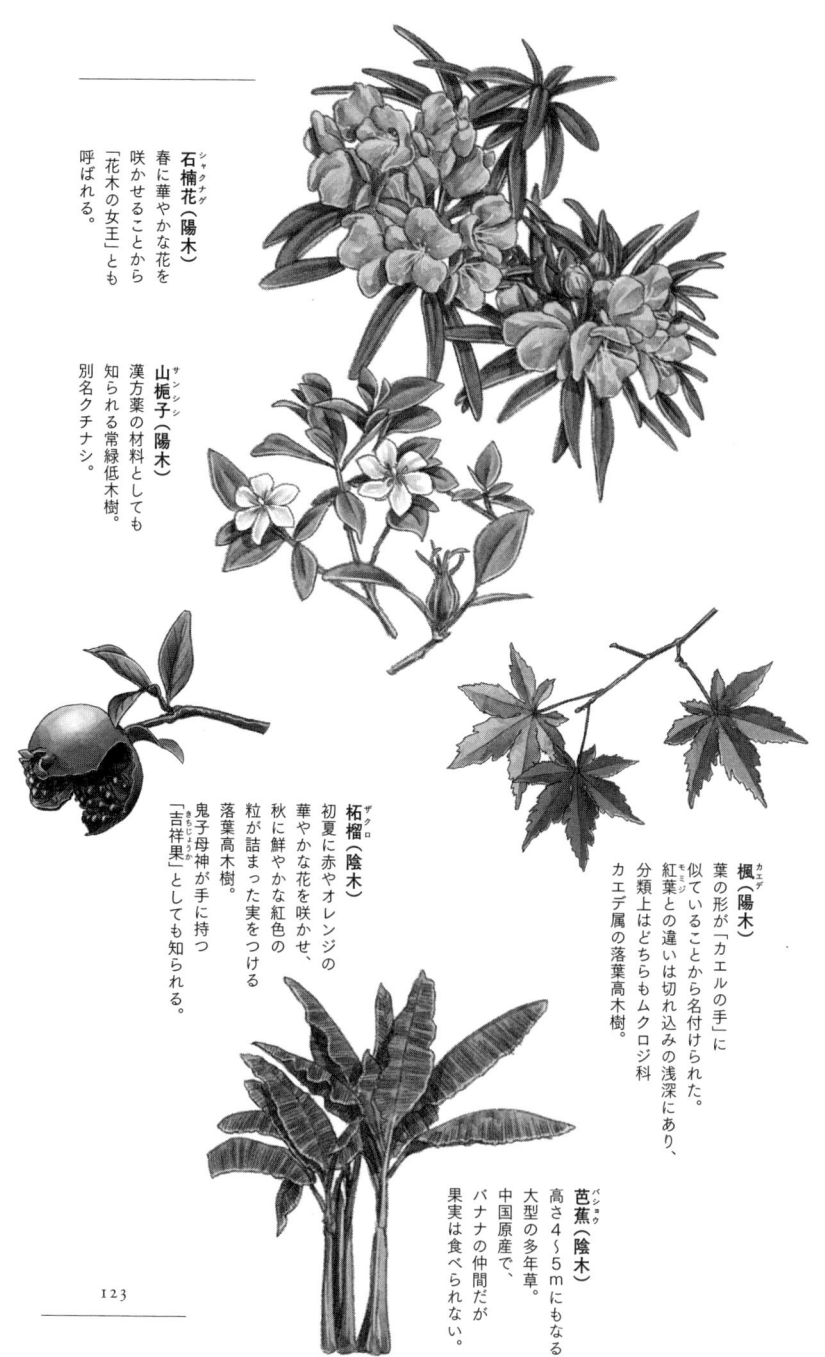

西に大きな道がなければ、木大角豆《キササゲ》七本を植えて白虎《びゃっこ》の代わりとする。

南に池がなければ、桂《カツラ》九本を植えて朱雀《すざく》の代わりとする。

北に山がなければ、檜三本を植えて玄武《げんぶ》の代わりとする。

——以上で四神が揃うとするのだ。

これは平安時代に記された日本最古の造園技術書『作庭記《さくていき》』に載るものだ。四神を樹木で代替する原形は、中国唐代の地理書にある。風水発祥の地からして、ハードルの高い四神相応の地を無暗《むやみ》に求めることはしなかった。

また、建物の吉凶がどうしてもうまく調わない場合は、凶方位の土を取り去って、吉方位の土を全体に撒《ま》け、と指南する本もある。

ここまで来ると、もう何でもいいではないかと思ってしまうが、悩んだ挙げ句に「ひらめいた」苦肉の策なのだろうから、無下にするのも気の毒だ。

文字を使った見立ても用いる。

たとえば、四方を建物で囲んだ中庭に大きな木が立っているのは「困」という字となるので凶。

中庭に人が多く集まる場所があるのも「囚」という字になるので、凶となる。

また、門の前に池がふたつ並ぶのは、「哭」の字形に似ているから凶であるといったものもある。これは少し判《わか》りづらいが、門の開閉の様を鑑みると「犬」の字に似て思えるた

「囚」は、囲い（くにがまえ）の中に「人」が入った様子を表す文字。人（囚人）が、囲いに閉じ込められて出られない状況。

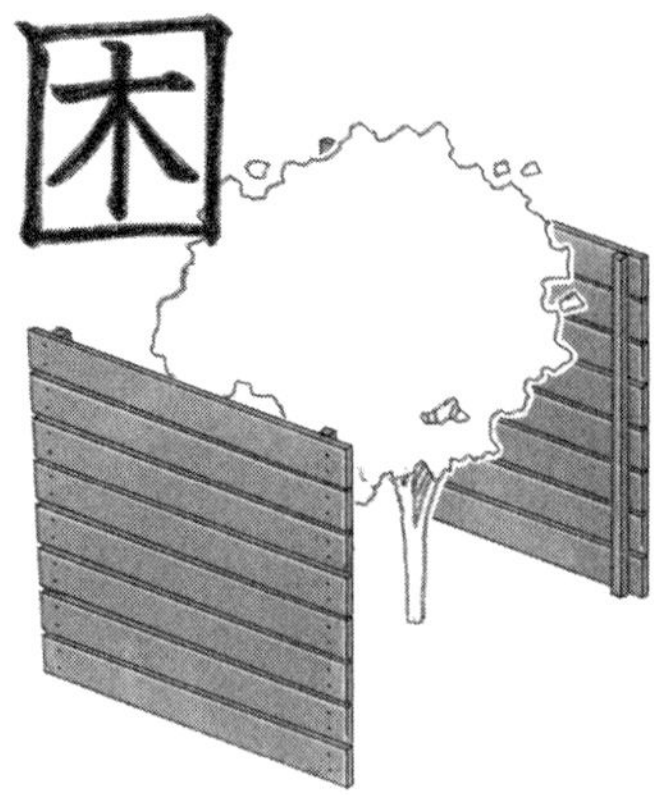

「困」は、囲い（くにがまえ）の中に「木」が入った様子を表す文字。生き生きと成長したい樹木が、囲いに縛られて伸びようがなく困っている状況。

漢字の成り立ち
漢字の成り立ちは象形文字・指事文字・会意文字・形声文字の4種に大別されるが、「囚」「困」は2つ以上の漢字を組み合わせて別の意味を表す「会意文字」である。

め、そんな考えに至ったのかもしれない。

第五章で語った「文字による土地のマジナイ」は、家相においても機能するのだ。

立地においては以前記したとおり、突き当たりを忌むのが第一だ。

そのほか、案外、色々な書物に出てくるのが、社寺との位置関係、及び社寺と墓地の跡地についてだ。

まず、神社仏閣の門が民家の出入り口と真正面に向き合うのは、避けるべきとされている。

普通の家同士でも、正面玄関が向かい合うのはよろしくない。

確かにドアを開けたとき、互いの家の中が丸見えになるのは、気分の良いものではない。

一般の家同士でも気まずいのだから、神仏の出入り口と向かい合っては落ち着かないことはなはだしい。加えて、社寺の場合は、そこに祟《たた》りがついてくる。

資料によると、そういう立地の家は商売繁盛せず、子孫に恵まれず、病気がちになるという最悪のものとされている。

社寺や墓地の跡地は、その土地の格や残留物、あるいは残留思念といったオカルト的なものにかかわってくる。

その感覚は、忌み地《いち》と呼ばれる土地や事故物件に近いが、単に祟りや障《さわ》りが怖いというより、この場合は建てる側の意識が問われる。

つまり、人より尊い存在や、誰かの祖先が鎮まっていた地に平気で家を建てる人は、祟りに遭っても仕方ない、という考えだ。

そのほか、池を埋めた跡なども、避けるべき土地として記されている。これは地盤沈下や多湿になりやすいという、現実的な説明がつく。

合理的な説明を超えて忌まれるのは、井戸を埋めることだ。

地盤の不同沈下や地下水脈への影響など、これにも合理的な説明がつくが、それを超える忌避感は、現代でもまだまだ根強い。

少しネットで調べただけでも、事故、急死、一家離散、経営破綻と、恐ろしい話がいくらでも出てくる。

実際、私の知り合いも、井戸を埋めたことを知らずに家を買った後……ともかく大変な目に遭ったので注意したほうがいいだろう。

井戸への禁忌の核はただひとつ、「井戸には神様がいる」に尽きる。

どう思うかは各人次第だが、井戸を埋めることに現実的な危険があり、多くの人が眉を顰《ひそ》めるのなら、積極的に行う必要はないだろう。

どうしても井戸を埋めねばならないときは、お祓《はら》いをして「息抜き」を残す。あるいは方法を知っている施工業者に任せることだ。

こういうことをきちんとすると、大きな安心材料になる。

馬鹿馬鹿しいと強がっても、何か禍《わざわい》があったとき、もしかしたらと思うより、先手を打ったほうがいい。

似たような感覚で、注意すべき案件は屋敷神、主に稲荷《いなり》の社《やしろ》だ。

中古の家を買う場合、庭に社や祠《ほこら》があったときは、相当気をつけなければならない。

お世話ができないなら、神職を呼んで御魂《みたま》抜《ぬ》きをしていただく。社を残したいのなら、掃除と共に崇敬の念を怠らないようにすることだ。

まさに信仰の世界だが、社は宗教建築なので、信仰に沿わねばおかしくなる。嫌だという人は、お社付きの物件は諦めるのが賢明だ。

井戸と屋敷神は取扱注意の筆頭だが、それ以外にも家相には様々な禁忌とマジナイがある。すべてを記す紙数はないが、とにもかくにも細かいのだ。

土地を相手取る規模の風水では、変化しようのない地形や山河に人間が折り合いをつける形でつきあっていく。

だが、個人宅は人間次第。すべてが目の届く範囲にあるため、小さな瑕疵《かし》も気になるし、理想に近づけたい気持ちも大きくなる。すべて人工物なのだから、欠点も人の工夫によって補おうとするわけだ。

その典型が鬼門の角欠けの工夫となるが、京都にはほかにも面白いものがある。

魔除けとして、京町屋で圧倒的な数を誇っているのは、屋根の上に載る「鍾馗《しょうき》さん」だ。

京都市全体で一千五百〜三千体以上あるとされているが、由来は江戸時代に遡る。

――ある薬屋が屋根に大きな鬼瓦を取り付けたところ、向かいの家の女房が寝込んでしまった。そこで鬼に勝つとされている鍾馗像を屋根に上げると、病気は全快した。

この話が広がって、京都では屋根の上に鍾馗像を載せるようになったのだという。

鍾馗そのものは中国道教の神だが、風習は日本オリジナルだ。

向かいの屋根にも「鍾馗さん」がある場合は、睨み合わないようにずらしたり、また、あまり大きな像を載せないなど、道の狭い町ならではの気遣いも伝わっている。

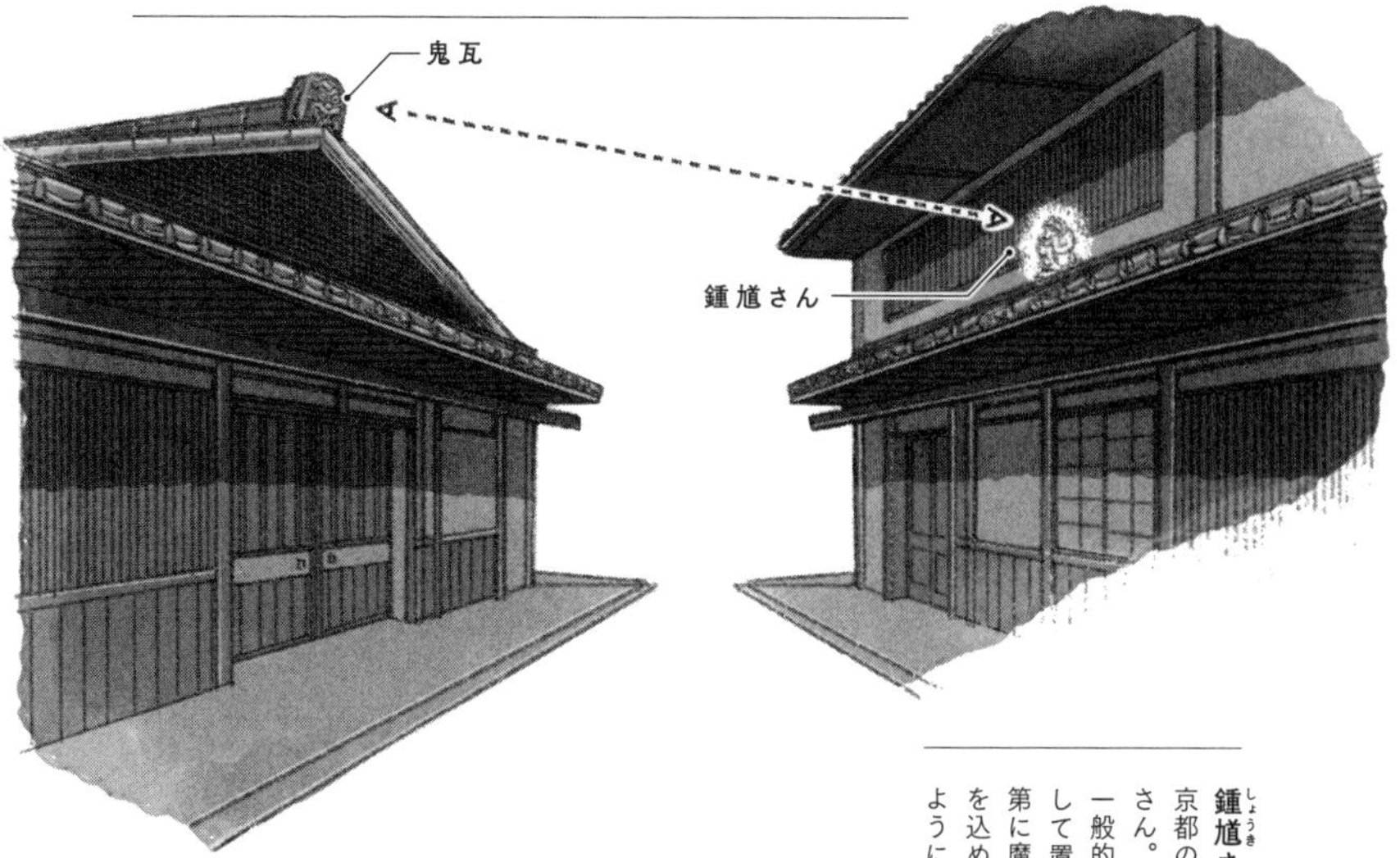

鍾馗《しょうき》さんと鬼瓦
京都の町屋の屋根に立つ鍾馗さん。背丈は20～30㎝ほどが一般的だ。元々は鬼瓦と相対して置かれたと伝わるが、次第に魔除けや火災除けの願いを込めて単体でも設置されるようになった。

また「鍾馗さん」は人に見られると効力が落ちるので、見えない場所に設置しなければならないといった話もある。これは、お札《ふだ》と同じ効力を期待してのものだろう。

平安時代に陰陽師《おんみょうじ》が寝殿造《しんでんづくり》に貼ったような呪符《じゅふ》は、基本、見えない場所に貼る。

お札には、見せることで威嚇的な効果を期待するものと、見せないことで効力を保持するものが存在するのだ。

見せるお札は一年ごとに貼り替えるようなものが多い。一方、「鍾馗さん」を見せないというのは、陰陽師のお札と同じで、家が存在する限り、恒久的な効力が期待できるとされたのだろう。

見せるお守りでも、交換しないものもある。

その一例に、京都知恩院《ちおんいん》の「忘れ傘」がある。

知恩院七不思議のひとつとされるもので、左甚五郎《ひだりじんごろう》

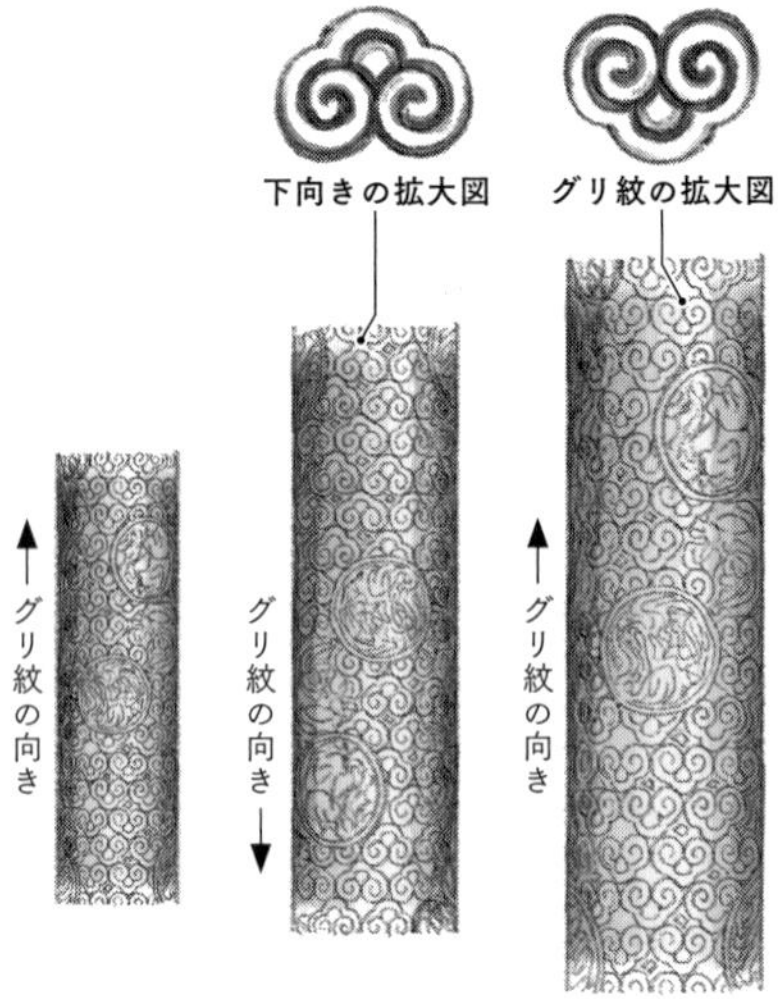

陽明門《ようめいもん》の逆柱《さかばしら》

日光東照宮の陽明門には、門を支える12本の柱がある。すべての柱は胡粉《ごふん》塗り仕上げでグリ紋[※]が施されているが、本殿側の1本だけはほかの柱とは逆(下向き)に紋が彫られており、「魔除けの逆柱」とも呼ばれる。

※中国から伝わったとされるワラビ形の渦巻《うずまき》文様。寺院建築や漆工芸品で多く用いられる。

が彫ったなどと言われているが、本来、建物には不用のものだ。

これがお守りであるとの確証もないが、一説、この彫り物は、建物が未完であることを示していると言われている。

諸行無常《しょぎょうむじょう》、有為転変《ういてんぺん》。百パーセント完璧に出来上がってしまったものは、後は崩れ、壊れていくのみだ。それがため、敢えて未完成な部分を残して、建物にはまだ未来があるんだぞ、と意思表示をするわけだ。

完璧なものは神の領域であり、人がその域に達しようとするのは不遜であると、古《いにしえ》の人は考えた。日光東照宮陽明門《にっこうとうしょうぐうようめいもん》の逆柱《さかばしら》も「すべてが完成すると崩壊が始まる」という観点から、わざと逆さに立てて未完成という体裁を取っている。前回記した、家屋における逆柱とは考え方が異なるのだ。

伝統的な日本家屋でも、床の間の垂れ壁を本塗りせずにおくことが多い。

これは未完成の部分を敢えて残すという意図のほか、塗る際にコテを返すことから「掌返し《てのひらがえし》」として嫌うなど、験担《げんかつ》ぎ的な意味も持つ。こういったマジナイもまた、日本人の得意技だ。

もっと呪術的な方法もある。

厄年を回避して新築を建てるためのマジナイ、「縄棟上げ式《なわむねあ》」という方法だ。

縄棟上げ式は、どうしても厄年にあたる来年に、家を建てねばならなくなったときに行う。

即ち、今年のうちに吉日を選び、青竹や注連縄《しめなわ》で家のミニチュアを作って、上棟式《じょうとうしき》と同じような式典をするのだ。

縄棟上げ式を行うと、厄年の新築でも支障がないとされている。

また、厄年に増改築をする場合は、前年に吉日を選んで、家の周囲に注連縄を巡らせてお祓いし、改築部分の四方の屋根瓦を数枚剥がして、壁の一部を壊しておく。そうすると、翌年の工事は安泰だという。

厄年に先行して家の一部を壊し、「もう工事は始まっています」と、厄神に見せつけておくわけだ。

ちなみに、引っ越しの日取りが悪い場合は、それ以前の吉日に神棚と漬物桶を先に運んでおけば良いとされる。

我々はあらゆるマジナイと呪物《じゅぶつ》、験担ぎを用いて、家を安全で幸福な場所にする努力を惜しまない。

賃貸ならともかく購入物件、ましてや新築戸建ての一軒家なら、やり直しの利かない場合も多い。何としてでも、絶対的な幸福を担保したいのだ。

しかし、それでも幸せがもたらされなかった場合、「土地と建物の両方が吉相であっても、主人が正しくなければ無効である」(『家相秘伝集』より)——突き放してくるのが家相だ。

「地の理《ことわり》は人の輪に及ばず」との言葉もある。

家は大切だが、その家の中で喧嘩が絶えないのは、家相のせいばかりではない。

どんなに風水や家相が吉くても、最終的な吉凶はそこに住む人が握っている。

これが自明の理であることは、忘れないようにしておきたい。

第十二章

東京の風水と富士山のパワー

改めて、東京について話したい。

無論、読者は東京に住む人ばかりではない。東京なんかどうでもいい、東京は嫌いと言う人もたくさんいると思う。だが、それでも東京について記すのは、東京が現日本の「首都」だからにほかならない。

出身地や好悪は関係ない。富士山が日本一標高が高く、風水的影響力を持つのと同様、東京の風水はここが首都である限り、日本全体にかかわってくる。

ゆえに、日本に住むすべての人は、首都としての東京に関心を持っていただきたい。

富士山の気の流れの先に、江戸・東京は位置している。

以前、風水においては「何々のように見える」というのが大きなウエイトを占めると記した。それとはまた別に「何々が見える」というのも、風水では重要なポイントとなる。

ある地点から見えるものには、善《よ》し悪しを超えた影響力が宿っているのだ。

富士山上空から東京方向を見た鳥瞰図《ちょうかんず》
日本一の高さ・スケールを誇る富士山〜東京方面を西側から見た鳥瞰図。※富士山の高さや東京スカイツリーなどのランドマークは強調して大きく描写している。

銚子
東京湾
木更津《きさらづ》
東京
横浜
三浦半島
相模湾《さがみわん》
丹沢山《たんざわさん》
山中湖
箱根山
愛鷹山《あしたかやま》
富士山

そのため、どんなに遠くても、富士山が見える場所やそこで暮らす人々には、富士山の力が影響する。

富士山の力は強大だ。

秀麗な単独峰にして、日本一を誇る標高。その裾野に行けば、伏流水となって湧き出す水は豊かかつ清らかで、尽きない恵みを万物にもたらす。そして、広大な裾野に広がる自然をも富士山は育んでいる。

また、この山ひとつによって、日本の風向き全体や降雨の傾向も左右される。

まさに風水——風と水を最大に操る場が富士山なのだ。

ただ、この山は強すぎるので、あまり近い場所では恩恵を十分に受けることができない。

現実的にも、富士山の頂上に街をつくるのは不可能だ。

風水師の話では、この強すぎる力が山や川、または距離によって和《やわ》らげられて、人の暮らしと繁栄にちょうど良い塩梅《あんばい》となってくるのが、山梨県の大月《おおつき》から東だという。

実際、その辺りから、徐々に市街地は発展し、江戸・東京に至るのだ。

富士山がもたらす繁栄のスケールは、とてつもなく大きいと言える。

江戸城を見ていただきたい。

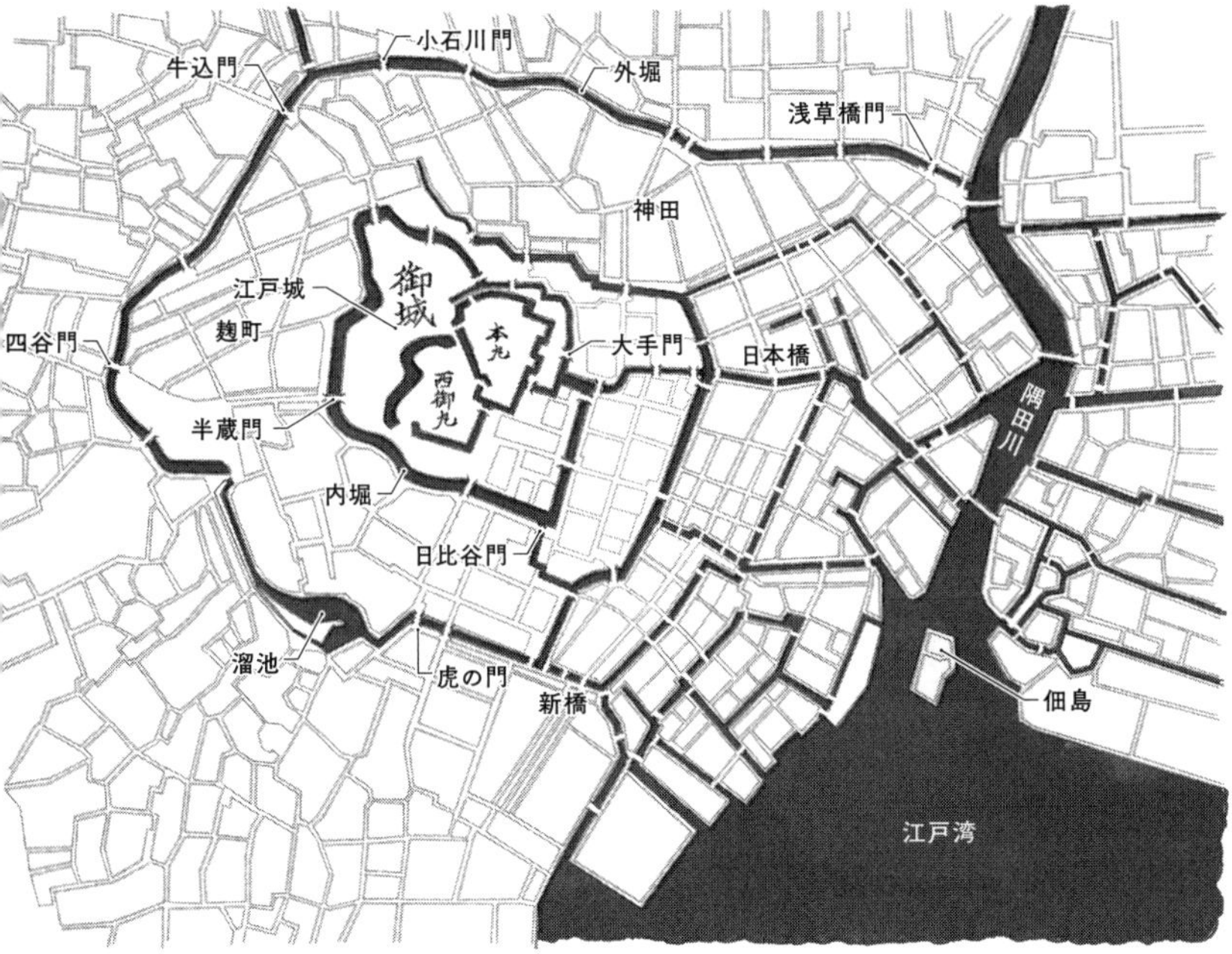

古地図で見る江戸城
寛永13年（1636年）に築かれた江戸城の外堀は、舟運による物資輸送で江戸を支える存在だった。明治維新後に埋め立てが進められ、現在ではこの外堀にほぼ沿った形で「外堀通り」が通っている。「西御丸《にしおまる》」と書かれている場所が現在の皇居である。

以前、江戸の四神相応《しじんそうおう》には疑問があると記したが、古地図を見れば、理想的な風水モデルに則っているのが見て取れるだろう。

但し、江戸城の場合は形以上に「の」の字形を描いた堀に意味がある。

水は内堀から、時計回りに渦《うず》を描いて江戸湾に注ぐ。淀まず、大切なものを包み込むように流れる様は理想的だ。

都市設計においても、渦の中心に江戸城があるのは大きな意味を有している。「の」の字というのは、いくらでも外に広がって、拡大することが可能だからだ。

渦は郊外に都市部を広げる格好の形であると同時に、水を媒介にして、中心部の力——即ち「気」を外に運ぶ装置にもなっている。

時計回りの形を取ることは、時間の順行をも表している。

春夏秋冬、四季のとおりに巡る時間は、万物が枯れてもまた甦《よみがえ》る、暗い夜が来ても、やがて朝になるとの理《ことわり》を表す。

この渦巻きは、万物の消長・再生の力を宿しているのだ。

江戸はそのパワーによって守られ、発展していった。

徳川家は三百年、江戸と日本を支配したが、それを成し遂げたのは、風水の力もあるに違いない。

江戸幕府が築いたこの形を、現代の皇居（左頁図）と比較してみたい。

外堀はほとんど埋められるか、暗渠《あんきょ》になってしまっている。だが、内堀だけでも、理想的な風水モデルの形（11頁）は保たれている。

元々、日本の都市風水は、山よりも水を重視してきた。

江戸は水の都だったと言われるが、それもまた、交通・物流の手段として河川を用いたからだけではない。

大阪も江戸と同様だ。両都市は水を守りとして、強力な結界を形成している。

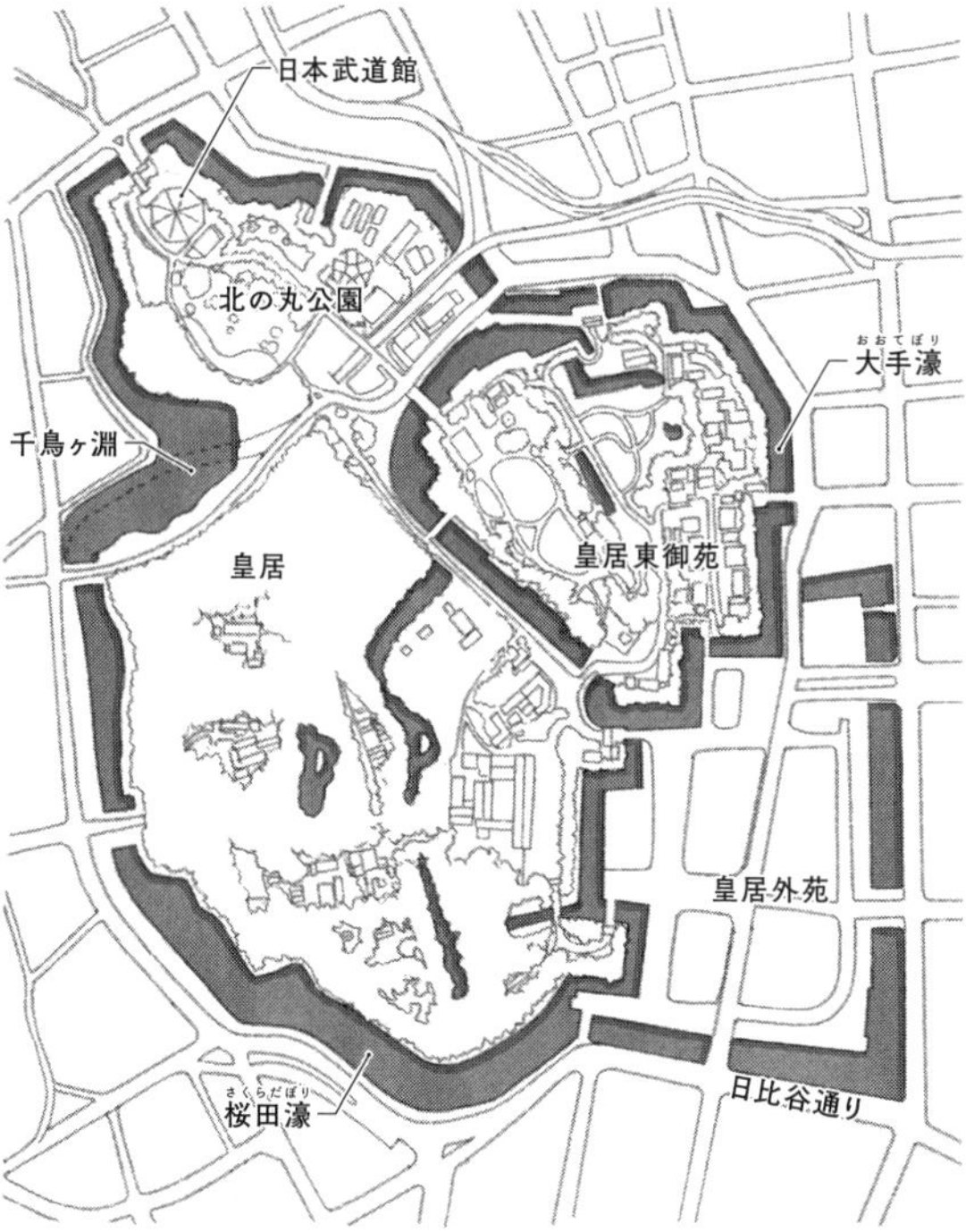

現在の皇居と内堀
現在の皇居外苑の地図。かつて江戸城の内堀だった場所が「国民公園」の一部として風致保存されている。「風水の理想モデル図」と比較すると、とてもよく似ていることがわかる。

二都市の地図を比べれば、湾の形が似ていることが了承されよう。この形がまた、大都市の発展には欠かせないのだ。

狭くなった湾の口から海水が入り、緩やかに外に出ていく形。急でも、開けっぱなしでもなく、水が滞ることもない。

止まった水は腐敗する。腐敗した水は、風水では極めて嫌悪されるものだ。悠々として静かなる——は良いけれど、決して淀んではならない。

水は、富や活気をもたらす。

ゆえに循環する水が濁っていたり、汚染されているのは不可だ。水は飽くまで清らかで、私たちを生かし、活《い》かすものでなければならない。

ＤＩＹ風水では、玄関に水槽を置いて金魚を飼うことがある。あれも魚を泳がせることで、水を動かし、気を活性化させる手段のひとつだ。

つまり、常に新陳代謝をしていくことが繁栄をもたらし、富をもたらし、都市の成長を促すわけだ。

時計回りの「の」の字同様、江戸湾、即ち東京湾の見事な形を見ると、本当に良い場所に都を置いて、良い形に城を造ったものだと感心する。そして、ここを日本の中心とした江戸幕府にも畏敬の念を抱《いだ》くのだ。

しかし、なぜ武蔵野の、この地が選ばれたのだろう。

過去の大陸や半島との交流を考えれば、本来は日本海側が表玄関であろうという話がある。世界とのかかわりを見るならば、まったく納得できる意見だ。

しかし、日本海側に、大きな都が置かれたことはない。

なぜか。

日本列島の形を見れば説明がつく。風水的には、日本海側には弱点があるのだ。

まず一番の弱点は、海が北側にあることだ。

風水では、水は南に向かって流れるのが理想とされる。四神相応なら、南の方に朱雀《すざく》となる海がある。

しかし、生憎《あいにく》、日本海側ではその条件が満たせない。そこさえ無視すれば、良い場所はあるが、やはりこの大前提を無視することは難しかったのかもしれない。

第二の弱点は、大陸との位置関係だ。

巨大な大陸が視界の先にあるのは障壁となる。そして、その大陸側から見た場合、日本海は南に位置する。

ここで改めて、風水の理想モデル図（11頁）を思い出していただきたい。

日本からではなく、大陸から日本を見た場合を考えてほしい。日本は大陸の朱雀を支える「案山《あんざん》」「朝山《ちょうざん》」という、仕掛けのひとつになってしまうのだ。

案山と朝山は重要ではあるものの、こうなると日本の存在感はかなり薄くなってくる。元々小さな島国だ。大きな陸地を前にして、そのパーツになることを意識せざるを得ない地に都を置くのは、あまりに危険だ。

対して、太平洋側には遮るものがない。加えて都市をつくるため、理想的な形の湾がある。それを活かせば、他国の干渉なく、国を発展させることができる。

首都を定めるような大きな仕事をする風水師は、それがわかっていたのではないか。

大阪や名古屋も同様だ。

発展には、発展に見合う根拠があると言ってよい。

ご記憶の方もいるだろう。数十年以上前、首都を仙台に移転しようとの話が出たことがあった。

このとき、なぜ仙台なのかと疑問に思った方も多かったと聞く。

だが、風水から見れば、納得できる。

仙台湾をつくる石巻市《いしのまきし》から金華山《きんかざん》の地形、また仙台市からは外れるが、松島辺りの湾がなかなかいい感じになっている。東京から見た富士山とほぼ同じ方位にある蔵王山《ざおうさん》もかなり良い。

富士山と東京湾に比べれば、いずれも規模は小さいが、目のつけどころは悪くない。

仙台遷都を唱えた人は、わかっていたのかもしれない。

この案が立ち消えになった理由は、首都の所帯が大きくなりすぎたことだ。

ゆえに遷都は叶わなかったが、暮らしやすい場所＝風水の善い場所なのだから、実利的にも、風水という術から見ても、好《よ》い土地は好い、との評価はできる。

形だけを言うならば、日本海側の若狭湾《わかさわん》の辺りも悪くない。この周辺は古代、朝鮮半島や大陸との交流が盛んだった地域だ。

しかし、そこで風水を出すと、先述の弱点が邪魔をする。

やはり太平洋側の東京が一番良い――と言い切ってしまいたいところだが、生憎、今の東京は、これ以上の発展が期待できない地となっている。

最初に記したように、東京は日本の首都である。都の首、つまりは急所だ。東京が首都である限り、東京の運は日本全国すべてに及ぶ。

政治的な機能もそうだが、呪術的に見れば政治・官僚よりも天皇の問題となる。

戦後、天皇は「日本国の象徴」と定められたが、この象徴という言葉が重いのだ。日本の象徴、即ちシンボルが、日本の首にいる重さ。これが、何とも動かし難い。ゆえに、東京または元江戸城だった皇居が建つ地の風水が悪くなったなら、日本全体にも悪影響が及んでしまう。

現在、皇居から東京湾に至る場所には、ありとあらゆる高層ビルが立ち並び、海への眺望及び気の流れというものが、かなり遮断されている。

辛うじて内堀に通じる川が、皇居の中に入り込んでいるのが救いなだけで、豊かな内海の気というものは、もう八割方消えてしまった。

富士山も皇居から見えなくなった。

つまり今の江戸城・皇居は、海からの気・水の流れ・富士山からの気、すべてが欠乏した状態なのだ。

正直、ゆゆしき問題だ。

加えて、近年、首都圏には、かなり決定的な影響力をもたらす建造物が、ふたつできた。ひとつが東京湾アクアライン。もうひとつが、東京スカイツリーだ。

次回はこれを見てみよう。

第十三章

東京スカイツリーと日本社会の行く末

東京タワー
昭和33（1958）年に開業した、トラス構造・高さ333mの電波塔。東京都港区芝公園に位置し、晴れた日には展望台から富士山や房総半島まで広く見渡せる。2001年から2014年までの間に2回にわたる大規模耐震改修を行っており、関東大震災以上の地震や約90mの風速にも耐えられる構造。

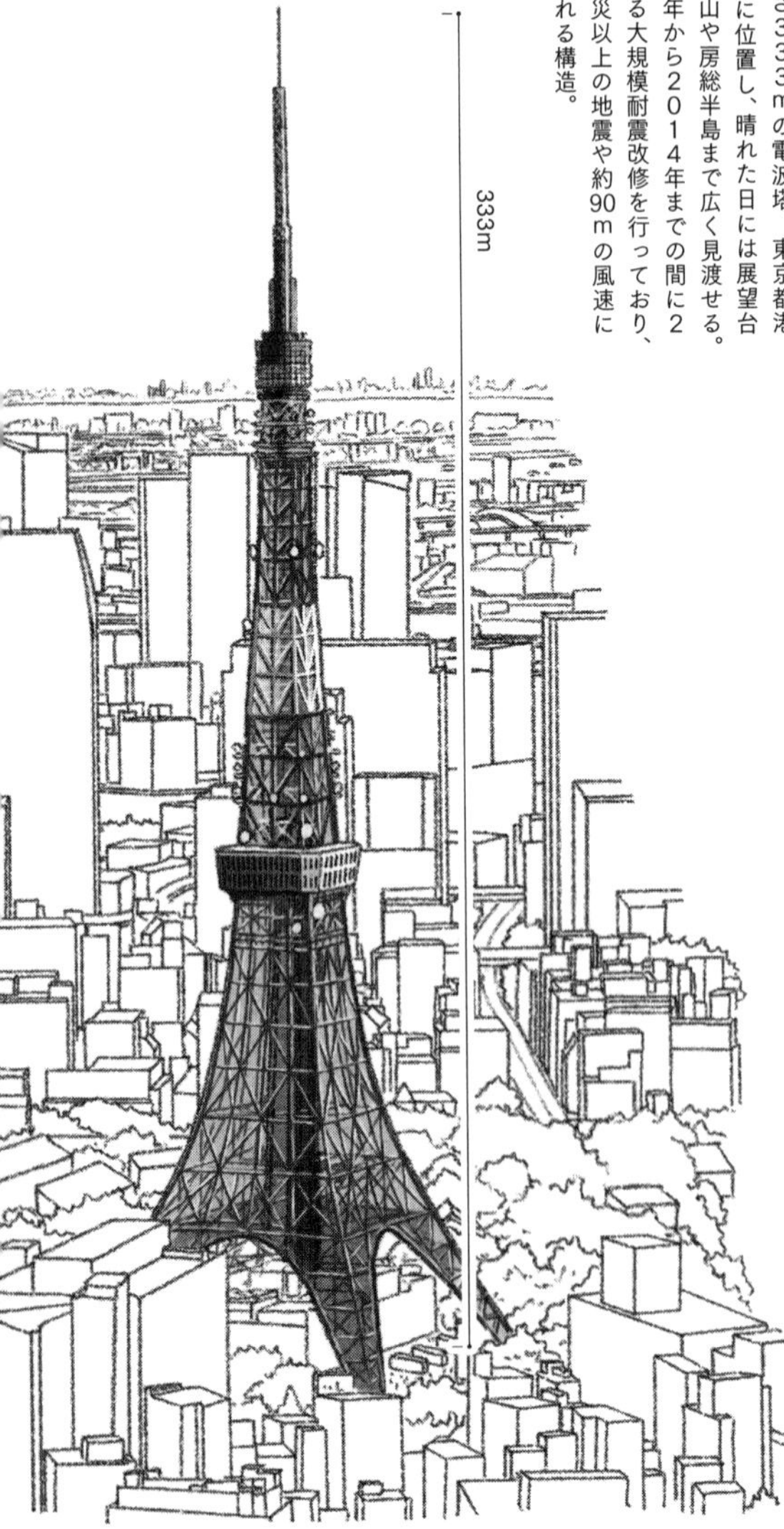

東京スカイツリー®
都心部に建つ超高層ビルの増加に伴う電波障害を軽減するために計画された電波塔。高さ６３４ｍ、タワー鉄骨総重量約３６，０００ｔの大スケール。自立する電波塔としては世界一の高さで、２０１１年11月にギネスブックにも認定されている。

東京湾アクアライン。そして、東京スカイツリー。

申し訳ないが、このふたつに関して、風水的に肯定的なことは記せない。

東京湾アクアラインは、一九九七年十二月に開通した。

全長十五・一キロメートル。自動車専用の有料道路だ。

木更津《きさらづ》と川崎を結ぶ長大なこの道路は、東京湾を真っ二つにして横断し、橋梁《きょうりょう》とトンネルによって、外海から内海に入る気を遮断してしまった。

橋の下を水が通っているから良いではないか——そう思う人もいるだろう。だが、風水における風や水、人、車の通行は、現実的な流れや動線が最重要なのではない。

風水師らが見ているのは、それらがもたらす気の流れだ。

繁栄をもたらしていた本来の流れが巨大な橋で分断されて、橋の上にはふたつの土地を結ぶ車道——速い速度の気が流れる。

それが内海の気も外海の気も、引っ張っていって殺《そ》いでしまう。

もっとも、この流れによって木更津と川崎に富が移るというのなら、それはそれで結構なのだが、生憎《あいにく》、その望みは薄い。

ファンタジックな言い方をするなら、外海からやってきた龍は、この障壁を越えられないのだ。

東京スカイツリーについては、東京タワーとの関連で述べたい。

風水の基本には陰陽五行《いんようごぎょう》思想がある。そして、陰陽五行は万物すべてに適用される。

季節・方位・色・形、五感や内臓すべてが五行に振り分けられて、さらに木《もっ》・火《か》・土《ど》・金《ごん》・水《すい》それぞれにまた、細かく

五星図
木・火・土・金・水の五星（五行《ごぎょう》）を抽象概念として描いた図。山などの地形や建物の形を判断する際に用いる。

分類されるのだ。

当然、その分類には地形も入る。

右の図は、抽象概念としての「五星」を描いたものだ。

この形は山や建物を判断する際に参照される。

たとえば、東京タワーは火星の形に類似するゆえ、「火」の性質を持つと見る。

また、この電波塔は赤と白で塗り分けられているが、赤が強い。加えて、東京の象徴的中心となる皇居の南側に位置している。

これらを五行に照らし合わせると、「火」ばかりの真っ赤っ赤となるわけだ。

東京タワーの竣工は、一九五八年だ。

この時代の日本は高度経済成長時代に差し掛かり、すべてにおいて勢いがあった。

東京タワーはその勢いを人が形にしたものだ。

「火」の性《しょう》はエネルギッシュな上昇志向を示している。また、「火」は文明・文化・広報、つまりテレビや広告も司《つかさど》る。

あからさますぎる上、やや行き過ぎではあるけれど、よくぞまあ、ここまで時代と目的に合った塔を建てたものだと感心する。

前回も記したように「何々が見える」ことはその力を得ることになる。当時の人は東京タワーを目にすることで、自分たちの生きざまに自信を持ち、一層、前に進む力を得たに違いない。

一方、二〇一二年に竣工した東京スカイツリーの形は「木」だ。木が象徴するのは春、そして青年。まさに「青春」なので、今後の成長に期待できる。だが、基本的には柔らかくて穏健、そして未熟だ。

東京スカイツリーが建った時代、流行していたのは「癒やし」だった。この時代は、もうみんな二十四時間働けません、といった気持ちで、組織より個人を大切にし始めていた。これは「木」の性にも合致している。

ランドマーク的な建築物のデザインには、こういった人々の無意識が反映されるのだ。

ただ、東京スカイツリーの色は「白」＝「金」となる。

「金」は「木」とは正反対の性質を持っており、殺気があって鋭い。季節は秋で「白秋」との言葉もある。「秋」は枯れゆく老人を示し、一方、「金」は戦争をも表すという、穏やかとは言い難い気質を持っている。

その上、五行相剋《ごぎょうそうこく》では「金剋木《きんこくもく》」。

「金」の気は木を伐《き》る斧となり「木」の性を弱めてしまうのだ。

スカイツリーの形「木」を活《い》かすなら、色は黒（水）か青（木）、または木そのものを松明《たいまつ》として、赤（火）にしたほうが無難だった。

だが、東京タワーと同じ色は避けたいし、黒い塔というのも禍々《まがまが》しい、青も地味だ、となってくれれば、白を選ぶのは仕方ない。しかし、この選択により、スカイツリーは我々に元気や若さを還元してくれないものになってしまった。

いや、皇居の東北方向にあるのだから、スカイツリーは鬼門《きもん》の守りと見るべきなのか。

東京タワーとスカイツリー、両タワーの位置がほぼ鬼門と裏鬼門になっているのも気にかかる。東京タワーにとってスカイツリーは鬼門、スカイツリーにとっての東京タワーは裏鬼門だ。

スカイツリーのほうが後出しなのだから、東京タワーにとっての鬼門を意識したと言うべきか。それとも、より正確な鬼門に近い、皇居との関係を見るべきか。

いやいや、風水では「高く突き出したものが鬼門に立つ」のは大凶だ。

古書によると、突き出した物体は魔物の目当てになり、悪いモノを引きつけるとされている。とすると、スカイツリーは守りではなく……。

正直、明確な答えは出ないし、出したくもない。

ただ、世界有数の高さを誇る東京スカイツリーは、飛行機からでも確認可能で、東京のみならず、現在は日本のランドマークにもなっている。

国を象徴する規模のものは、国の運命にも影響を与える。

このような大規模建築物による風水的な影響は、瞬時に表れるものではない。変化は十年二十年の時をかけ、ゆっくり表出してくるのだ。

竣工から十年以上を経た現在、文化や経済をはじめとする日本社会の状況がどう変わったか、是非、考えてみてほしい。

今、日本は非常に不景気で色々な問題が噴出しているが、今後、どうなっていくのだろうか。

東京スカイツリーと東京タワーの位置関係
地図で見ると、墨田区押上に建つ東京スカイツリーは、港区三田に建つ東京タワーから見るとほぼ鬼門（北東）になることがわかる。また、千代田区に位置する皇居から見ても、東京スカイツリーの位置は鬼門の範囲となる。

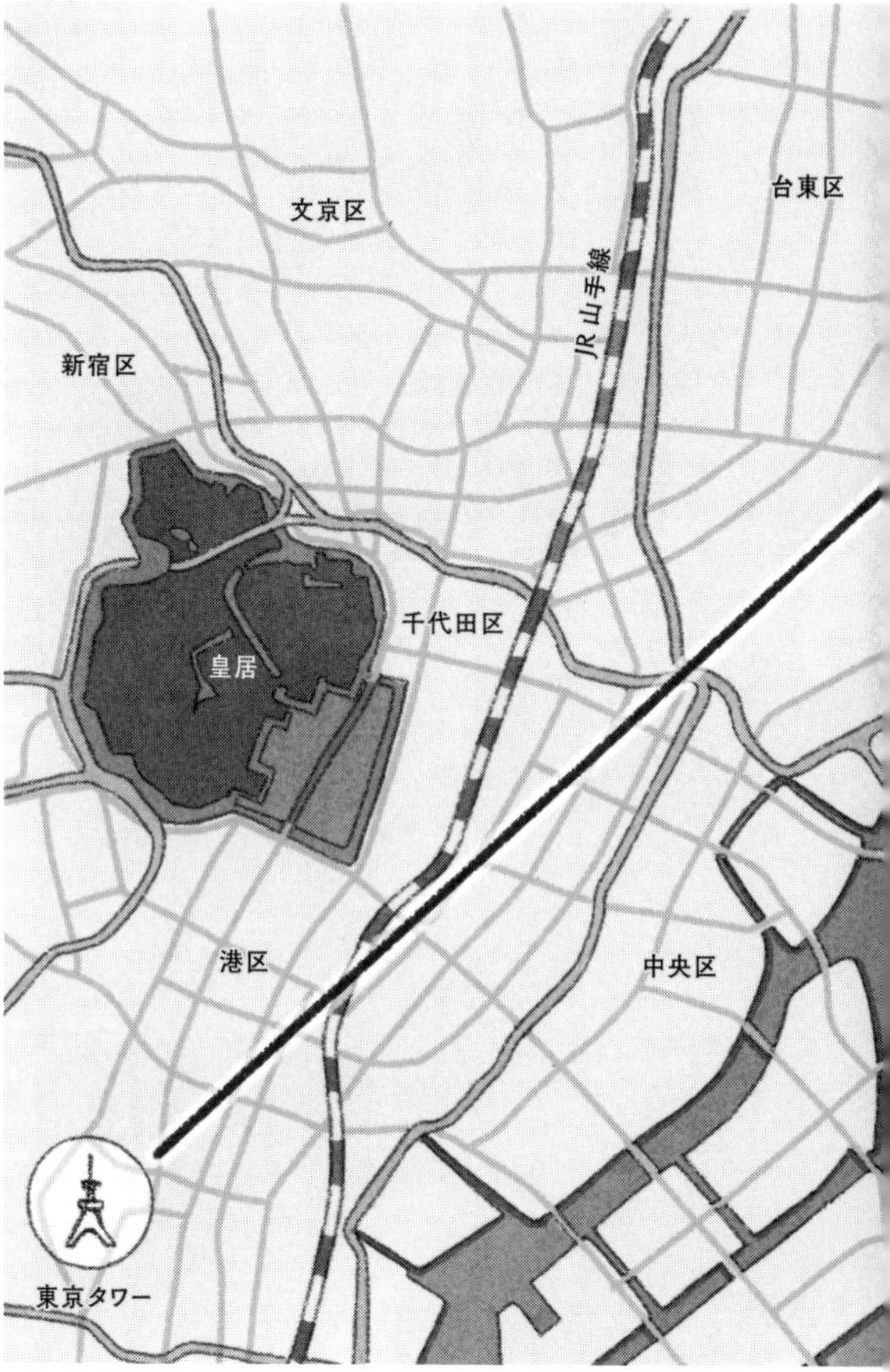

重ねて記すが、風水の作用には即時性がない。特に大きな建造物や地形の変化は、十年以上の時を経て徐々に影響が表れるのだ。

天変地異も影響する。

二〇一一年の東北地方太平洋沖地震では、地殻変動によって東北地方や関東地方は地盤沈下しながら東に動き、陸地が引き伸ばされた形になった。また、これにより日本列島の面積は約一平方キロメートル増えたことがわかっている。

緯度と経度を示す三角点は、二十都県で東への移動が確認され、最大で宮城県女川町《おながわちょう》が五・八五メートル東南東に動き、標高の基準となる水準点は、牡鹿《おが》半島で一一四センチ低くなった。

二〇二四年元日に起こった能登《のと》地方の大地震でも、国土の地殻変動が報告されている。石川県の輪島《わじま》市西部での地殻変動は最大で約三メートル、輪島市は西へ約一メートル三十センチ移動した。また、この地震では能登半島の北側で約九〇キロメートル、面積としては約四・四平方キロメートル、鹿磯《かいそ》漁港近くは約四メートルという大規模な隆起が起きた。これにより、半島の形が変化した。

これら二度の大地震は、国の形そのものをも変えたのだ。

こんなことがあれば、当然、地形も方位も変化する。その土地が元に戻る、あるいは今の形のまま落ち着くためには百年単位の時が必要だろう。

つまり、日本の風水は、以前とは事情が異なっているわけだ。

真北に位置していた山が、角度にして数度だけ鬼門（北東）寄りになる。太陽の影が以前より少しだけ西側に伸びる。川幅が変わり、高低が変わる。

一見、昔のままの姿を保っているところでも、そこの土地の吉凶は変化している可能性がある。

無論、歴史を見渡せば、天変地異は何度も起きている。そのたびに、多分、風水の善《よ》し悪しも変わっていったに違いない。

既に何度も記しているが、風水は後出しに弱い。災害でも同じだ。加えて、もたらされる変化は、自然災害のみではない。

首里城《しゅりじょう》も紫禁城《しきんじょう》も、繁栄したゆえに一層の快適さを求めた結果、理想的な形が崩れて衰退した疑いがある。

江戸城は「の」の字の堀を採用することで、最初から規模が大きくなることを見越した設計をしていた。しかし、その工夫もまた、堀が埋め立てられてしまった今では、うまく機能していない。

取り戻すことはできない。しかし、地形の変化は吉凶どちらに傾くかはわからない。もしかすれば吉に傾く。が、凶になる恐れもある。

風水は自然を利用して、繁栄を確保する術だ。自然の気紛れに任せてはいけない。だから土地が悪くなったら、別の場所に引っ越しをする、国単位ならば遷都という手段が出てくるわけだ。

もっとも、どこに遷都しようが、人間はそこの運気を食い潰していく。

そして、どこに都を据えようが、長い歴史を見渡せば、天変地異はあり、飢饉《ききん》はあり、疫病は流行《はや》り、戦争も起きる。

家相も同じだ。どれほど吉《よ》い家に住もうと、不老不死になるわけではない。

未完を装って家を建てても、時が止まるわけでもない。

むしろ、時間の順行や運気の消長こそが、風水・陰陽五行における新陳代謝の醍醐味なのだ。

同じ立場や環境に固執するのは、それこそが淀みとなっていく。

風も水も、流れてこそ。

変化が当然だからこそ、変化したときに納得のいく……できればより吉いものにしていく業《わざ》が風水であり、マジナイであり、快適に暮らしていくための人生の工夫なのだと思う。

番外編

加門七海の悪風水探見

番外編

加門七海の悪風水探見

数ある風水・家相の本は、心肝砕《しんかんくだ》いて、如何《いか》にして住環境を吉に導くかを説明している。どうすれば災厄が避けられ、吉祥を呼び込むことができるのか。何が善《よ》くて、何が悪いのか。我々はそれを知ることで、土地や家からより多くの福徳と安寧《あんねい》を得ようとするわけだ。

だが、完璧な住まいを建てるなど、九分九厘《くぶくりん》無理な話だ。必ず、どこかに妥協を強《し》いられる。第一、ほとんどの指南書は、良い条件以上に「こうしてはダメだ」「こういう土地は止《や》めておけ」との悪い事例が大量に列挙されているのだ。

それらを避けようとすればするほどに、小さな瑕疵《かし》が目につくし、真面目に考えるほどストレスは増える。

2024年。私は『オカルトエンタメ大学』というYouTubeにて、怪談蒐集家である響洋平《ひびきようへい》（ＤＪ響）さんの「家怪談」シリーズにゲストとして招かれた。
その番組の後半は、響さんデザインの「呪詛物件」を改悪するという趣旨だった。

「呪詛物件」とは、家相・風水的に悪いとされる条件を詰め込んだ家だ。それを響さんと私とで、もっと悪くしてみようといった企画だ。

始まる前は、どうなることやらと思っていたのだが、実際、その企画に挑んでみたところ、はしゃいでしまうほど面白かった。

理由のひとつは、

「悪い条件なら、いくらでも盛れる。楽だ！」

というところにあった気がする。

先述どおり、土地も方位も圧倒的に悪条件のほうが多いのだ。割合で言うなら、吉二・凶八くらいの塩梅《あんばい》だろう。

風水師はそれらのトラップを可能な限り排除して、針に糸を通すように家を吉祥に導いていく。しかし、それでもままならないことは、本編で散々述べたとおりだ。

そのタガを外して、凶となる条件をドカドカ家につぎ込んでいく行為は、言い方は悪いが、爽快だった。

この経験に味を占《し》めた私は、改めて悪い条件を並べ立て、自分なりの凶宅を設計してみたいと考えた。

それが、この番外編だ。

お力添えを賜《たまわ》ったのは、プロの建築士――エクスナレッジ発行の月刊誌『建築知識』にもよく協力なさっている、一級建築士のNさんだ。

Nさんは独立事務所を構え、建築作品やデザインで数々の賞を取っている方だ。そんな凄い方と相談しながら、素敵な「悪風水」の家を造ってみることにした。

ただの架空のデザインではない。

建築基準法をクリアして、デザイン的にも優れた家、実際に建てられる家を目指した。段取りとしてはまず、こちらで土地と建物の凶となる事項を提示する。Nさんはそれを現実的に可能な形で、可能な限り取り込み、設計するのだ。

列挙した凶の項目は以下だ。

○立地

- 北が低く、南が高い
- 北に川があり、屈曲の凸面が家に迫る
- Y字路（T字路）に挟まれる
- 南は丘陵。その丘陵に墓地が並ぶ
- 丘の麓《ふもと》に寺があり、寺の正面・門が家と向き合う

・息抜きのない埋め井戸（跡）がある

○家相

・玄関はY字路の角、またはT字路突き当たり
・玄関・ポーチは斜めに切れて、階段がある
・屋内の階段は玄関の正面。踊り場のない直線の階段がより悪い
・玄関の向かいに勝手口がある
・玄関正面に鏡がある
・玄関正面にトイレや浴室がある
・水回り（キッチン・浴室）は鬼門・裏鬼門に設置
・鬼門か裏鬼門、または乾《いぬい》（北西）にゴミ置き場がある
・トイレが建物中央にある
・部屋が狭く、四角形ではない。凹凸がある
・ほかの部屋を通らないと入れない部屋がある
・ふたつの部屋がシンメトリーになっている
・寝室（ベッドの上）に梁《はり》が通る
・居室（水回り含む）のドアが向かい合わせ

・通路の上に二階の居室を張り出す
・二階の居室下に、一階の廊下・通路が通る
・動線が悪い
・窓が少ない
・鬼門方位が張り出す。またはほかより高い建物部分がある
・五尺（約1500㎜）以上の高く突き出したものが鬼門に立つ

これら悪条件の理由については、本編を参考にしていただきたい。

ちなみに、窓のない部屋、天井が低いというのも悪い意味での好条件なのだが、現行の日本の建築基準法では、窓がない居室はNG、天井高は2100㎜以上を確保しなければならないため、このふたつは外すことになった。

それらの擦り合わせをした後で、設計図が上がるのを待ったのだが……。

作業はなかなか捗《はかど》らなかった。

Nさんいわく、

「実際に取り組んでみると非常に難しく、使い勝手や風通しが悪く、変形した部屋の間取りをつくるのは生理的に受けつけないのか、胃酸と闘いながら作成している感じです」

申し訳ございませんでした……。

建築設計は、基本的に快適に暮らせる家を造ることに目的がある。風水の知識がなくても、常識的な配慮があれば、結果、風水的にも吉《よ》い家になる。

つまり、家の設計は建築士の良心に従って作成されるものなのだ。それを動線を悪くしろだの、家の真ん中にトイレをつくれだの言われるのだから、たまったものではなかっただろう。

また、Nさんの報告によると、図面作成中、CAD《キャド》（Computer Aided Design コンピュータ上で図面作成を行うためのツール）が三十分に一度落ちるという怪現象が起きたという。データ保存していないものは、その都度すべて消えてしまうので、何度もやり直すことになってしまった、と。

最早、これは怪談だ。

加えて、私も仕事が異様に捗らない。

悪風水は図面や原稿の段階から、人に影響を及ぼすのだろうか。

そんなじっとりと重い難関を突破して、出来上がったのがイラストの家だ。

設定は、四人家族のファミリー向け物件。施工法や建蔽率《けんぺいりつ》ほか詳細については166頁の「建物データ」や各種図面を参照していただきたい。

凶宅配置平面図

墓地
（丘陵）
宅地
凶宅
寺門
寺
墓地

凶宅玄関（南側）外観イメージ

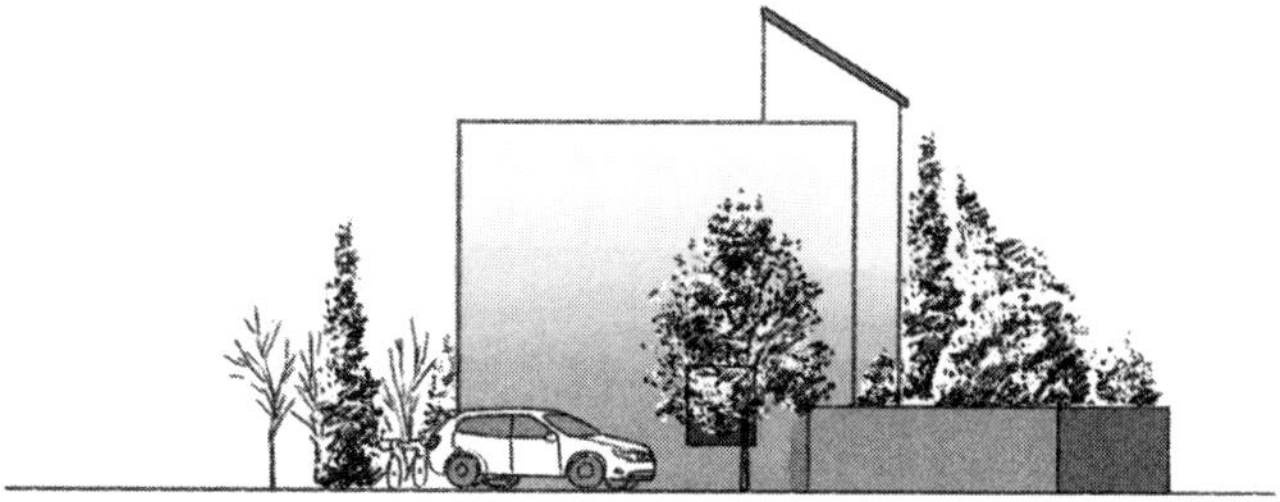

凶宅南立面図

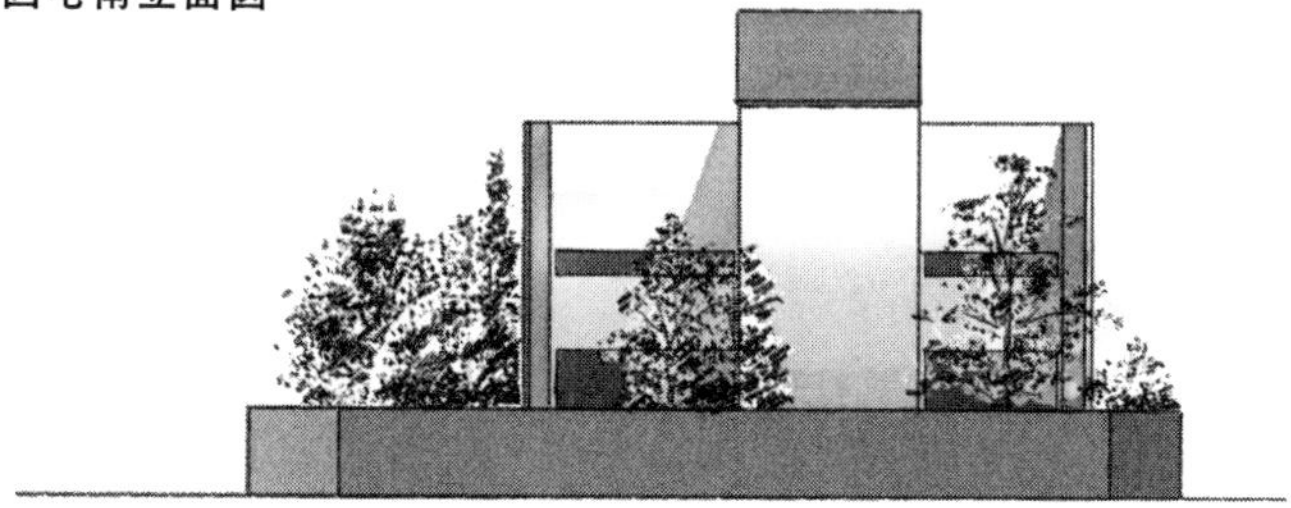

凶宅東立面図

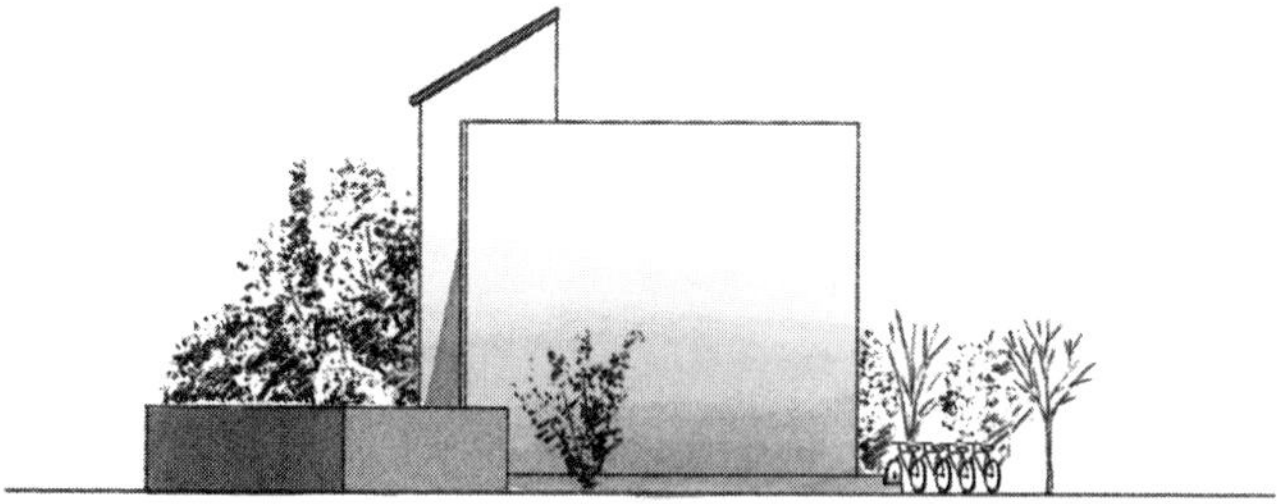

凶宅北立面図

凶宅西立面図

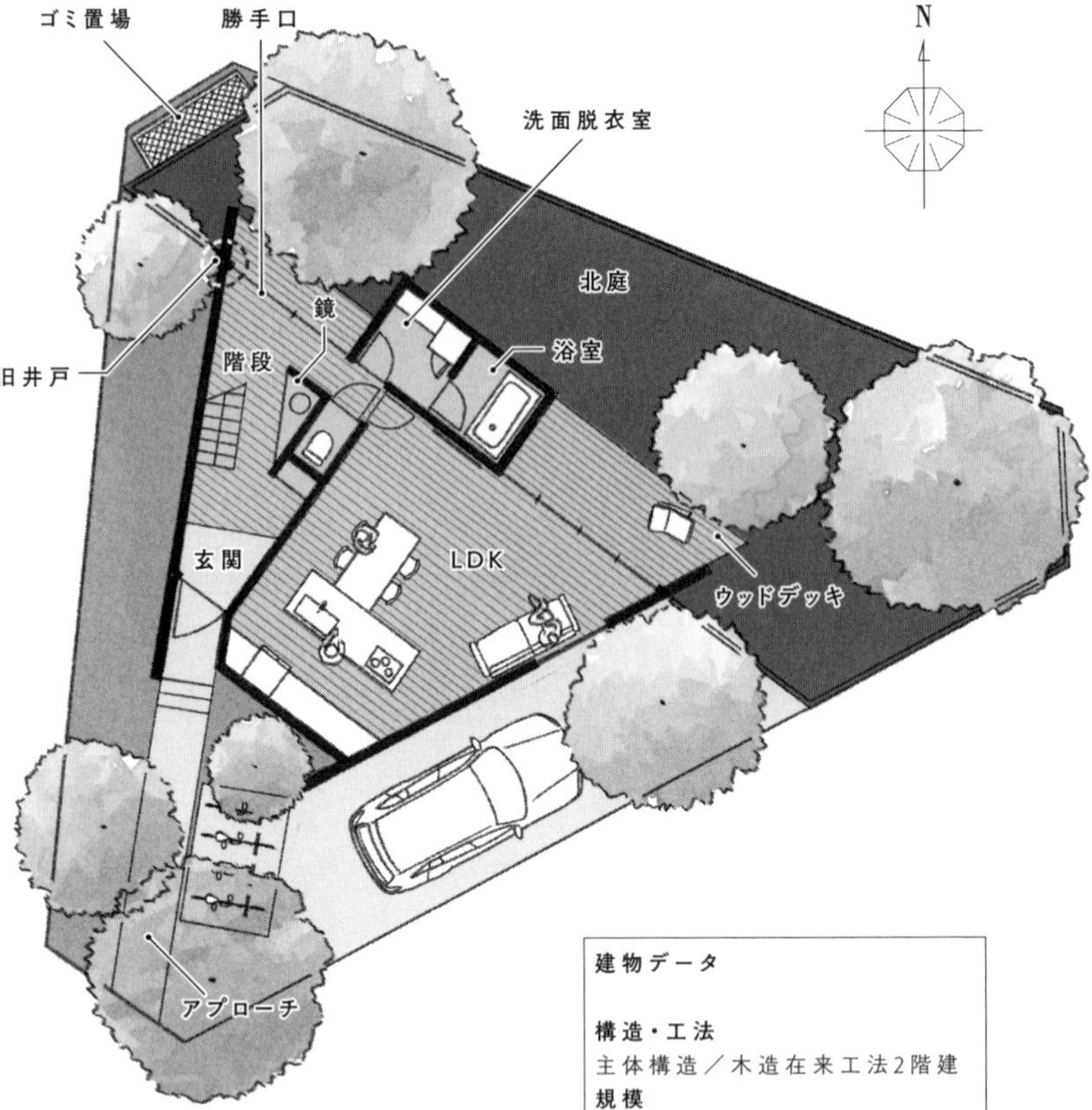

凶宅1階平面図

建物データ

構造・工法
主体構造／木造在来工法2階建
規模
階数／地上2階
敷地面積／233.58㎡
建築面積／55.89㎡
（建蔽率23.92％ 許容60％）
延床面積／109.93㎡
（容積率47.06％ 許容100％）
1階／54.65㎡
2階／50.32㎡
屋上（ペントハウス）階／4.96㎡
敷地条件
地域地区／第2種中高層住居専用地域・市街化区域
防火区分／法22条地域

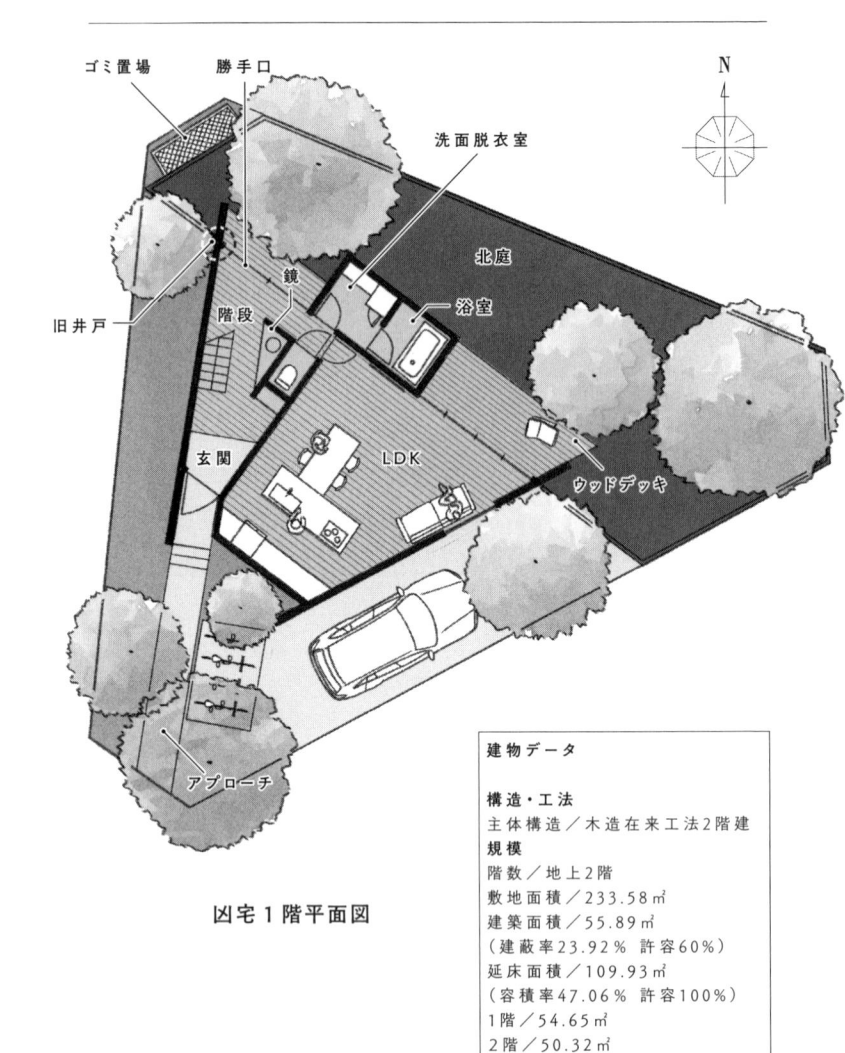

——如何《いかが》だろうか。

一見、デザイナー建築らしい、凝った素敵な家に見えるに違いない。

しかし、秘めた破壊力は凄まじい。

出来上がった図面を見て、私がまず驚いたのは、家の形が三角形であることだった。

私は家の外形そのものについての条件は出さなかった。だが、Nさんは最凶と見做《みな》される形を選んできた。知っていてそうしたのか、あるいはたまたまか。いずれにせよ、図面を見た途端、恐れ入ってしまったことは確かだ。

詳細を見てみよう。

立地は予《あらかじ》め出した条件どおり、北が低く南が高い。北には川があり、屈曲の凸面が家に迫り、南は丘陵に墓地が広がる。

実はアレンジこそしてあるものの、せり出した川と丘陵に挟まれたこの地形は、東京都内に実在している。

幸い、該当箇所に住居はないが、決してあり得ない土地ではないのだ。

川は土手で遮られているが、流れがつくる凶の気には影響しない。むしろ土手が迫ることで、北側の風景にも閉塞感が生まれる仕掛けになっている。

玄関は丘陵から下がったY字路の正面にあり、結構、規模の大きな寺院の門と向き合っている。社寺の正面と向き合う位置に玄関があることは、風水では大凶だ。

Y字路は西側が二車線、東側が一車線。玄関正面で分かれる道は見通しが悪く、車や人の出入りに危険が伴う。

西側の外壁は「お洒落」な黒だ。西日の熱を吸収して、夏場は焙《あぶ》られる感じになるだろう。

玄関扉は一般的な片開きになっている。しかし、ポーチに奥行きがなく、数段の段差が迫っているため、中に入るには注意が必要だ。外に出る場合も、勢いよく飛び出すと、足を踏み外すかもしれない。

そんなドアを開けて家に入ると、斜めになった土間の正面に直線に伸びる階段があり、奥に勝手口が見える。

ちなみに、土間から玄関ホールに上がる框《かまち》の段差は20㎜ほどにしていただいた。土足のまま上がりがちで、かつ、人が一番つまずきやすい高さだ。

階段は二階までの吹き抜けで、圧迫感を減らす名目でスケルトンの片持ち階段になっている。しかし、お洒落すぎて蹴上《けあ》げもないため、結構危険だ。

階段右脇には、小さな収納に続いてトイレがある。トイレ入り口は玄関とは逆側だが、ここにトイレがあるために、見た目よりも通路は狭い。その通路を直線にするため、階段側に、鋭角三角形の洗面所がついている。

ここで手洗いをしていると、玄関を開けたとき丸見えになり、廊下を通る邪魔にもなる

凶宅玄関ホールと階段イメージ

という、なかなか手の込んだトラップだ。

また、洗面所の鋭い三角形の頂点が、玄関に向かって殺気を出している。洗面台奥の壁には鏡が貼りつけられており、これも玄関を開ければすぐ見える。

この段階で、出入り口が危険、玄関ポーチが危険、土間が危険、玄関正面の階段が危険、玄関向かいに勝手口、玄関正面に鏡がある、との条件をクリアし、かつまた玄関前にトイレ、洗面所、洗面所の鋭角が玄関に向かうという、恐ろしい物件になっているわけだ。

もし、この家を内見に来て、ここで引き返せないならば、既に災厄に取り込まれていると言ってもいいだろう。

さて。階段と洗面所の脇を通って正面に来る勝手口は、スタイリッシュな造りのガラス張りだ。

玄関向かいの鏡や勝手口は、家の内外の区別を曖昧にして魔を呼び込み、魔の通り道になると言われている。つまり、家そのものを結界することが難しくなる造作《ぞうさく》だ。ガラス張りの勝手口は、その作用を一層増すだろう。

そんな勝手口の角をよく見ると、井戸を埋めた跡がある。

うまく隠してあるものの、井戸跡に家の土台となる柱がのっているために、将来、土地が沈下して、家が歪む恐れがある。また、いざ何かが起きて、井戸をどうにかしたいと思っても、家を壊さない限り不可能な場所だ。

崇《たた》りなど持ち出さずとも、現実的に最悪だ。

ちなみに、この土地には裏設定がある。

もともと川近くまで迫っていた墓地を整理・整地して、造成しているという過去だ。

ゆえに、井戸は整地の際に出た、墓石の欠片《かけら》や土で埋められている。家の敷地も同様で、地下には、整地の際に取り残された古いお骨などもあるかもしれない。

家を建てる前から、地形も土地も悪いという設定だ。

そんな土地の北西に、ダメ押しとして、私設のゴミ置き場が設置されている。

北西、即ち乾の方位は「天門《てんもん》」と呼ばれ、荒ぶる神の通り道とされている。その力を鎮めるために神棚や床の間を設けるのは吉だが、不浄物を置くのは大凶だ。

勝手口から見える裏庭は一見気持ち良さげだが、前を土手で遮られているので、さしたる開放感はない。ウッドデッキも同様だ。

ウッドデッキのある庭は鬼門になるので、ここに芭蕉《バショウ》や柘榴《ザクロ》などの陰木《いんぼく》を植えれば、もっと辛気臭《しんきくさ》くなるだろう。

リビングに向かうには、そんな勝手口回りを左に見て進む。

手前にトイレのドア、風呂に繋がる脱衣所のドア、そして短い廊下の正面にリビングへ至るドアがある。

浴室そのものは、凶宅の典型として鬼門方位に張り出している。

それらを措《お》いても、生活上、すぐ不具合に気づくのがトイレのドアだ。

ここのドアが開いていると、リビングへの出入りができない。タイミングが悪いと、脱衣所・リビングから出てきた人がトイレのドアに衝突する。

また、トイレから出てリビングに行くには、数歩下がって、ドアを閉めてから入ることになる。トイレのドアは、動線を破壊する何とも厄介なものになっている。

リビングには、ソファの後ろに小さな窓が一カ所のみ。南側は完全に壁に覆われている。理由としては、墓地が見えるのを忌《き》避《ひ》したため、といったところだ。

そのほか、キッチンの位置や部屋の形は落ち着かないながらも、まずまず無難だ。

玄関に戻って、二階に上がろう。

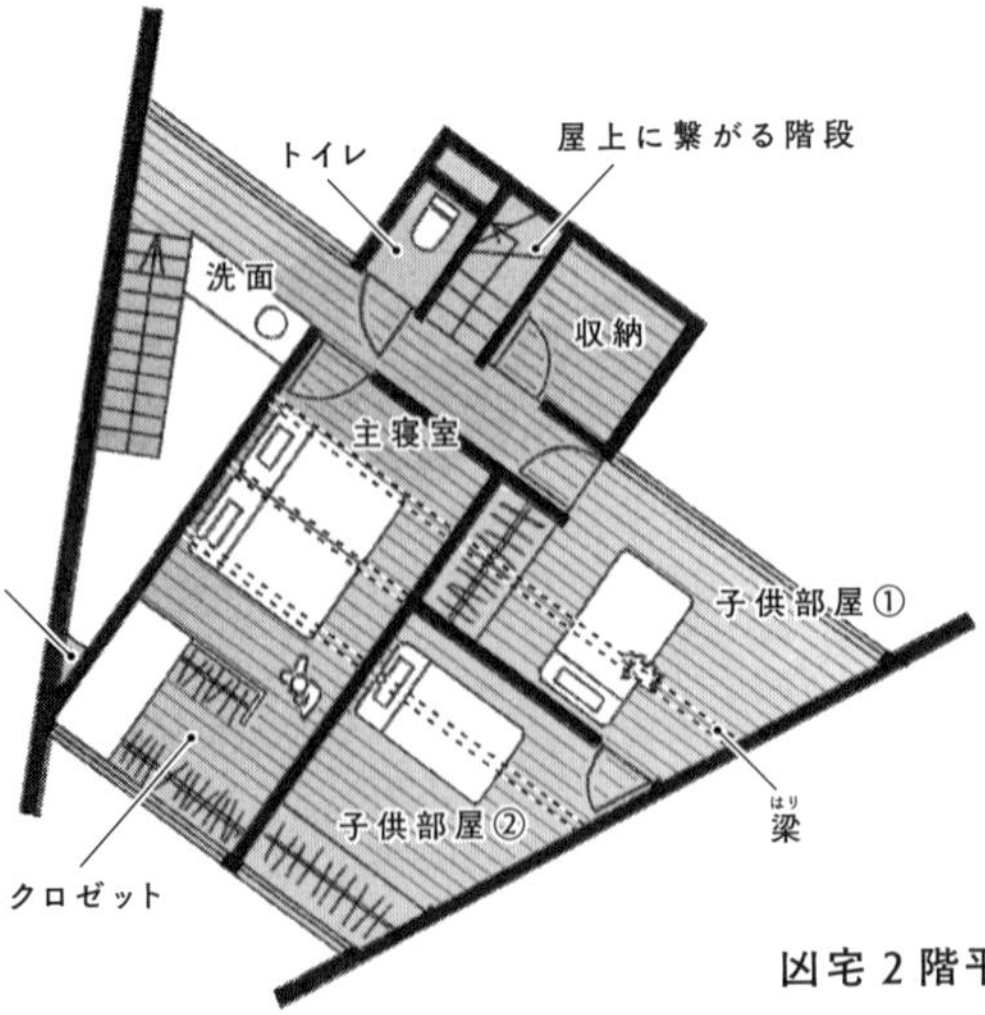

凶宅2階平面図

二階の窓はすべて天井近く、収納の上の高窓となる。採光も悪いが使い勝手も悪く、掃除もしづらい。あっという間に汚れるだろう。

階段を上がって右に曲がると、またもすぐに洗面所がある。洗面所斜め後ろには、トイレ。トイレのドアの正面に、主寝室のドアがある。

主寝室のドアはベッドに寝て横を見ると、目に入るようになっている。ドアが開いていれば、トイレも見える。気の質、流れとして極悪である。

主寝室に入らず、廊下を進むと、屋上のペントハウスに通じる階段と収納を経て、二室の子供部屋に至る。

ふたつの部屋は扉で繋がっており、奥の部屋に入るには、手前の部屋を通らねばならない構造だ。

一見、一階より無難に思えるが、二階には三本の梁がベッドの上を通るようになっている。ベッドの位置をずらすことは可能だが、かなり難しいと言えるだろう。

二階のトイレと主寝室のドアの位置、各部屋を貫く梁は心身を病む家相だ。ここで育つ子供の未来が心配になる。

また、洗面台先に位置する灰色ベタの三角形に、「D.S.」とあるのが確認できよう。

この場所は一階玄関の真上となるのだが、設計上、図らずもできてしまったデッドスペース、つまりは何もない、空気も通らない開かずの空間だ。

デッドスペースは図面上は「D.S.」と表記され、ダクトスペースと同様の表記となる。ダクトスペースは換気のためにダクト（空気を運ぶ管）を収める空間を指すが、「D.S.」に本当にダクトがあるのか、あるいはデッドスペースなのかは、図面上では判断できない。今後、家の設計図を見るときには注意してほしい。

ちなみに、この家の「D.S.」はすべてデッドスペースだ。

屋上のペントハウスも、二階の収納の上は「D.S.」となっている。

ペントハウスは、鬼門に張り出した一階浴室・二階トイレ及び収納の延長で、天井を斜めにすることで高さをつくっている。

この造りは提示した条件のうち「鬼門方位が張り出す。またはほかより高い建物部

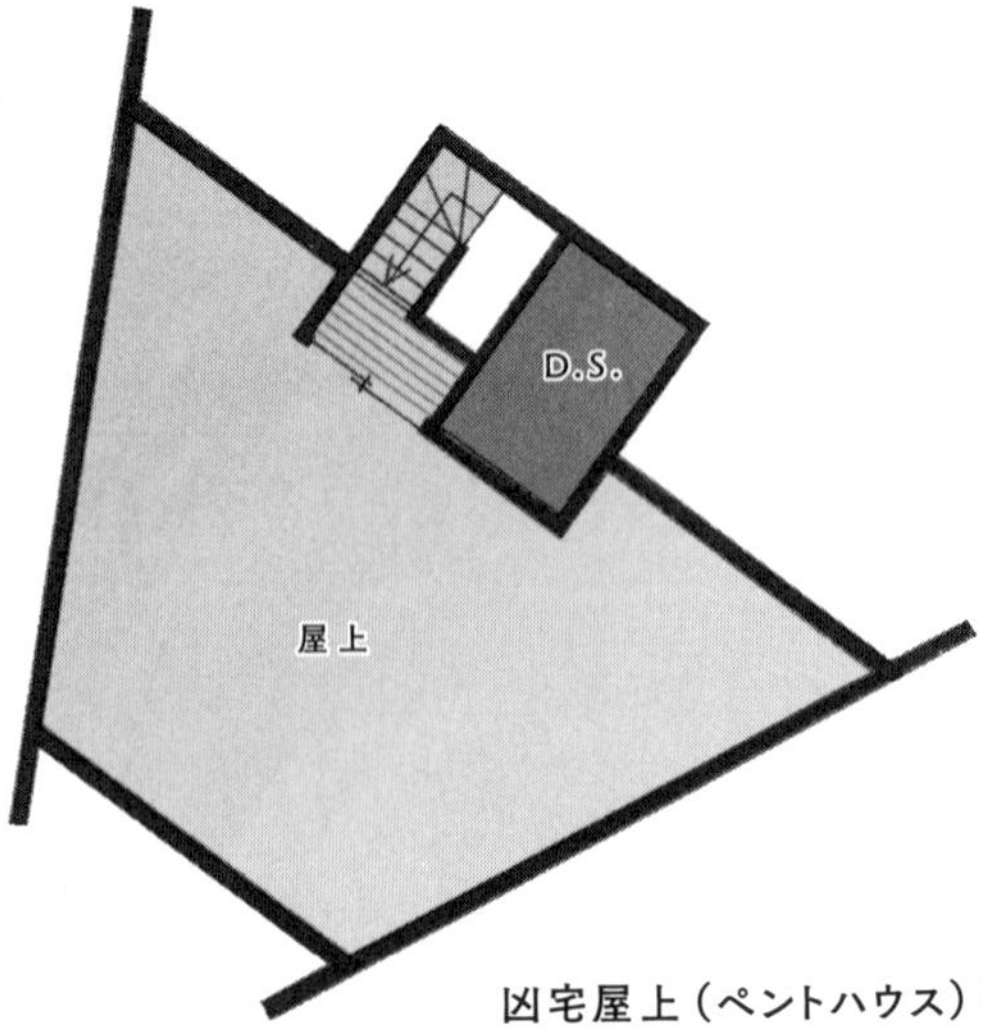

凶宅屋上（ペントハウス）平面図

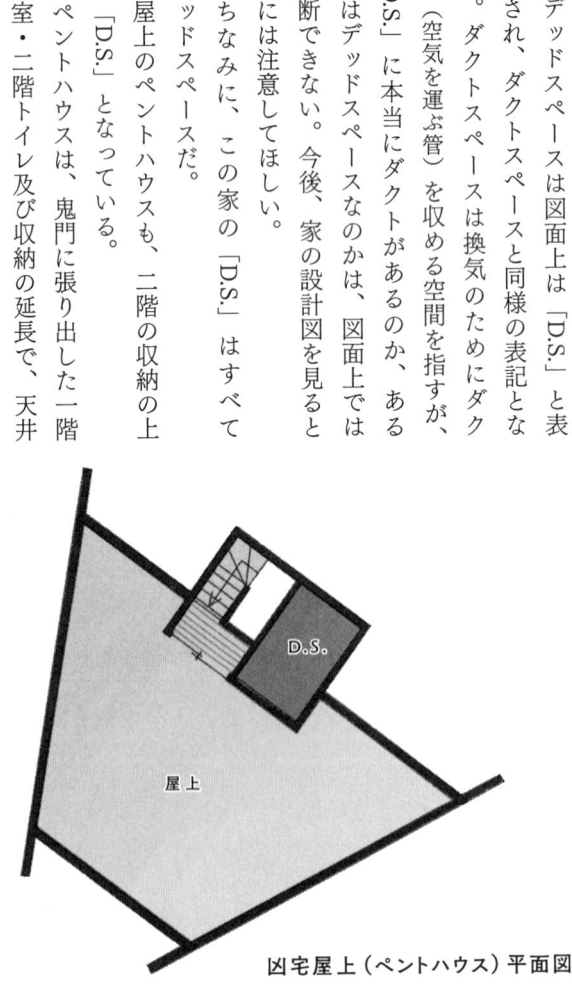

分がある」「五尺（約1500㎜）以上の高く突き出したものが鬼門に立つ」の二点を満たしている。

古書によると、この突き出した物体は魔物の目当てとなり、悪いモノが寄ってくるとされている。屋上で楽しく過ごすのは、人だけではないということだ。

——以上が、悪い土地に悪い風水、悪い家相の家を建てたモデルケースだ。

まったく清々しいほどの悪意と凶意に満ちている。

また、祟りや呪いを持ち出さずとも、風水・家相の悪い家は、畢竟《ひっきょう》、生活にも不具合が出ることも理解できるだろう。

こんな家に誰が住むのか……。

だが、モデルとなった凶相の土地は実在する。建築基準法もクリアしている。ゆえに、この家を建てることは現実的に可能なのだ。

施工費用は、約4300万円（2024年当時）。

お値段以上の災厄がもたらされることを確約しよう。

主要参考文献及びもっと風水を知るためのガイドブック

『原書　地理風水（基礎篇）』月清円 訳　鴨書店
『原書　地理風水（応用篇）』月清円 訳　鴨書店
『風水講義』三浦國雄　法蔵館
『朝鮮の風水』朝鮮総督府編　国書刊行会
『釋奠・祈雨・安宅』朝鮮総督府編　国書刊行会
『風水羅盤大全』徐芹庭　田中要一郎 訳　山道帰一 監訳　太玄社
『図説　風水大全』リリアン・トゥー　小林祥晃 監訳　東洋書林
『中国の風水思想――古代地相術のバラード――』デ・ホロート　牧尾良海 訳　第一書房
『定本　地理風水大全』御堂龍児　国書刊行会
『地理風水――聖なる大地の霊力』御堂龍児　光人社
『日本の風水』諏訪春雄　ＫＡＤＯＫＡＷＡ
『住空間の冒険④　風水とデザイン』ＬＩＸＩＬ出版
『沖縄の風水』窪徳忠 編　平河出版社
『「沖縄風水学」入門』和来龍　ボーダーインク
『『作庭記』と日本の庭園』白幡洋三郎編　思文閣出版
『図解　庭師が読みとく作庭記・山水并野形図』小埜雅章　学芸出版社
『江戸時代の家相説』村田あが　雄山閣出版

『家相の科学』清家清　光文社
『家相　現代の家相とその考え方』山片三郎　学芸出版社
『増補改訂　凹凸を楽しむ　東京「スリバチ」地形散歩』皆川典久　宝島社
『東京23区凸凹地図』昭文社

あとがき

『風水探見』である。探検でも探究でも考究でも探査でもなく、風水について探りつつ、色々見てみようというのが本書の趣旨だ。

風水の歴史は長い。

その分、解釈や方法は多岐にわたっており、容易に語ることはできない。長い時間の中で流派や派閥もたくさんできて、それぞれ言うことが異なっている。

ただ、根本となるところは、さして変わらない。

なので、小難しいことはさておいて、面白く楽しいところをかいつまみ、できれば、その楽しさを少しでも皆と共有したい。

——そう考えて、記したのが本書だ。

長く風水を勉強してきはしたものの、結局、私はひとつの流派に所属することはしなかった。風水師として、報酬が伴う仕事をしたこともない。行政はもちろん、特定の建築会社やゼネコンにも縁がない。

ゆえに無責任なことも記しているが、責任がないゆえ、どこにも忖《そん》度《たく》することなく、本書が記せたという自負はある。

風水には、古代中国から連綿と続く、陰陽五行《いんようごぎょう》思想や呪術的な考えが詰まっている。

また、風水的な考えから、新たに生まれた呪術的作法も多くある。それらの知識は日本においては陰陽師《おんみょうじ》のものとなり、一部は家相学に反映された。

都市の成り立ちや寝殿造《しんでんづくり》、城郭《じょうかく》、そして一般民家にも風水・家相は用いられている。用いられずとも、土地のすべては風水によって解釈される。

毎日歩く道一本も、地理風水の要素の一部、あるいは要の一本だ。私たちはそこに流れる気を纏《まと》い、運ぶ一要素となって、市街の活気を担っていくのだ。

考えると、なかなか楽しいではないか。

無論、そんな役割は重すぎると思う人もいるだろう。だが、

「この町は私が良い気を巡らせているから、こんなに住みやすいのだ」

そう思えば、きっとご機嫌になれる。

ご機嫌で良い気をまとって歩けば、町の気はもっと善《よ》くなってくる。

そう考えて、ご機嫌で日々を過ごしていただきたい。

そして、もっともっと風水を知りたいと思ってくだされば、私は嬉しい。

更なる一歩を踏み出すための、知識と情報は無限にあるのだ。

本書が深い深い風水世界の入り口になれば幸いだ。

最後になりましたが、連載時、そして書籍に精緻《せいち》で美しい品のあるイラストを描いてくださいましたmiltataさん、本書をクールなデザインで包んでくださったコバヤシタケシさん、本当にありがとうございました。

また、番外編の「悪風水」を胃酸と闘いながら作成してくださったNさん、深くお礼申し上げます。今後のお仕事に影響が出ないことをお祈りします。

そして、校正者の芳賀惠子さん、エクスナレッジ編集者の久保彩子さんをはじめ、この本を手に取ってくださった皆様にも感謝申し上げます。

最後の最後に、第一回での言葉を再度申し上げますが、自宅の風水を善くするには、まず掃除！

風通しと水回りの清潔感、それを心がけて各位の運気を上げていただければ嬉しいです。

二〇二五年　三月吉日

加門七海

加門七海（かもんななみ）

東京都墨田区生まれ。多摩美術大学大学院修了。美術館の学芸員を経て、1992年に『人丸調伏令』で作家デビュー。『たてもの怪談』（エクスナレッジ）、『お祓い日和』『呪術講座 実習ノート』（KADOKAWA）、『加門七海の鬼神伝説』（朝日新聞出版）、『神を創った男 大江匡房』（笠間書院）、『祝山』『黒爪の獣』（光文社）など著書多数。

加門七海の風水探見

2025年4月1日 初版第1刷発行

著　者　加門七海

発行者　三輪浩之

発行所　株式会社エクスナレッジ

〒106-0032 東京都港区六本木7-2-26

https://www.xknowledge.co.jp/

問合せ先

編　集　Tel 03-3403-6796／Fax 03-3403-0582

info@xknowledge.co.jp

販　売　Tel 03-3403-1321／Fax 03-3403-1829